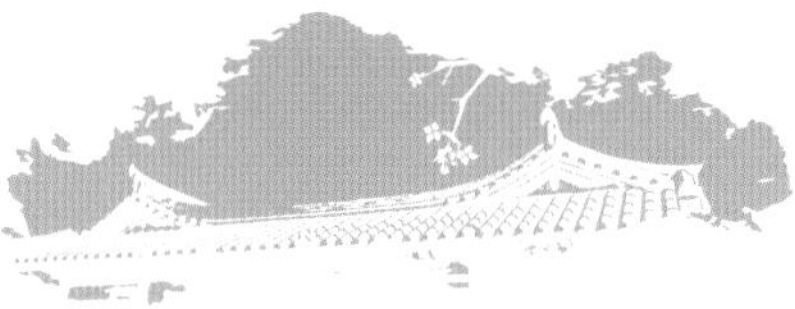

시대의 변화를 응시하며
종가를 바라보다,

대구 대암 박성 종가

기획 경상북도 · 경북대학교 영남문화연구원 | **지은이** 함영대

경북의 종가문화 연구진

연구책임자	정우락(경북대 국어국문학과)
공동연구원	황위주(경북대 한문학과) 이세동(경북대 중어중문학과)
종가선정위원장	황위주(경북대 한문학과)
종가선정위원	이수환(영남대 역사학과) 홍원식(계명대 철학과) 배영동(안동대 문화유산학과) 조재모(경북대 건축학과) 이치억(공주대 윤리교육과)
종가연구팀	김소연(영남문화연구원 연구원) 정보선(영남문화연구원 연구원) 김위경(영남문화연구원 연구원) 김종구(영남문화연구원 연구원)

축 · 간 · 사

경상북도에서 『**경북의 종가문화**』 **시리즈** 발간사업을 시작한 지 벌써 15년째가 되었습니다. 본 사업은 더 늦기 전에 지역의 종가문화를 기록으로 남겨 후세에 전해야 한다는 절박함에서 비롯되었고, 그간 많은 분들의 노고에 힘입어 어느새 76권의 책자가 발간되는 데 이르렀습니다. 이러한 결실은 우리 지역의 문화자산으로 자리 잡아 가고 있어, 경북 도민의 한 사람으로서 무척 보람되게 생각합니다.

경북은 예로부터 수많은 명현거유名賢巨儒가 배출되었고, 그분들이 이룩한 전통문화가 집적되어 온 중심입니다. 특히 이러한 전통문화의 중심에는 바로 경북의 종가宗家가 있습니다. 종가는 수백 년에 걸쳐 지역 사회의 구심점이자 전통문화의 상징으로 자리 잡아 그 역할을 묵묵히 수행해 왔습니다. 우리 도는 많은 수의 종가가 고유의 문화를 오늘날까지 지켜 오고 있기에, 우리나라 종가문화의 보고寶庫라고 해도 과언이 아닙니다.

하지만 최근 급변하는 사회와 종손·종부의 고령화 등으로 인해 종가문화가 점차 훼손·소멸되고 있는 실정입니다. 이에 경상북도에서는 종가문화를 보존·활용하는 한편, 발전적으로 계승하기 위해 2009년부터 **'종가문화 명품화 사업'**을 추진해 오고 있습니다. 체계적인 학술조사 및 연구를 통해 관련 인프라를 구축하고, 명품 브랜드화하는 등 향후 발전 가능성을 모색하기 위해 다방면으로 노력하고 있습니다.

경북대학교 영남문화연구원을 통해 2010년부터 추진하고 있는 『경북의 종가문화』 시리즈 발간도 이러한 사업의 일환입니다. 도내 종가를 대상으로 현재까지 『경북의 종가문화』 시리즈 76권을 발간하게 되었으며, 결과물은 관계 문중은 물론 일반인들로부터도 큰 호응을 얻고 있습니다. 이들 시리즈는 종가의 입지 조건과 형성 과정, 역사, 종가의 의례 및 생활문화, 건축문화, 종손과 종부의 일상과 가풍의 전승 등을 토대로 하여 일반인들이 쉽고 재미있게 읽을 수 있는 교양서 형태의 책자 및 영상물(USB)로 제작되었습니다. 철저한 현장조사를 바탕으로 관련 분야 전문가들이 집필함으로써 알차게 내용을 꾸미는 한편, 개별 종가의 특징을 부각시키고자 노력하였습니다.

이러한 노력으로, 금년에는 『**대구 대암 박성 종가**』, 『**안동 운천 김용 종가**』, 『**상주 이재 조우인 종가**』, 『**성주 등암 배상룡 종가**』 등 4곳의 종가를 대상으로 시리즈 4권을 발간하게 되었습니다. 이 시리즈의 발간은 계속되어 도내 100개 종가를 목표로 연차적으로 추진해 나갈 계획입니다. 이러한 시도는 종가 관련 자료의 축적을 통해 종가문화 보존 및 활용을 위한 기초자료를 제공함은 물론, 일반인들에게 우리 전통문화의 소중함과 우수성을 알리는 데 크게 도움이 될 것입니다.

최근 유교적 가치와 문화에 대한 재조명이 활발히 이루어지고 있습니다. 그 바탕에는 오늘날까지 전통문화를 올곧이 지켜 온 종문宗門의 숨은 저력이 있었음을 기억하며, 우리 도에 내재한 전통문화를 계승해 나가야 할 것입니다. 이를 통해 경북의 정체성 확립은 물론, 미래 지향적인 새로운 정신을 찾아 세계적 정신문화로의 발전으로까지 이어질 수 있을 것이라 확신합니다.

앞으로 경상북도에서는 현재 잊혀져 가는 종가문화에 대한 국가 차원의 컨트롤 타워 건립을 위해 힘쓸 것입니다. 아울러 종가문화에 대한 지속적인 조사·연구 추진과 더불어, 종가의 보존관리 및 활용방안을 모색하는 데 적극 노력해 나갈 것을 약속드립니다. 이를 통해 전통문화를 소중히 지켜 오신 종손·종부님들의 자긍심을 고취시키고, 나아가 전국의 종가를 연계하는 종가문화 네트워크 구축과 더불어 종가문화를 세계적인 명품브랜드로 육성해 나갈 계획입니다.

끝으로 이 사업을 위해 애쓰신 정병호 경북대학교 영남문화연구원 장님과 연구 책임자이신 정우락 교수님을 비롯한 연구원 여러분, 그리고 집필자분들의 노고에 진심으로 감사드립니다. 아울러, 각별한 관심을 갖고 적극적으로 협조해 주신 종손·종부님께도 감사의 말씀을 드립니다.

2024년 3월

경상북도지사 이 철 우

지·은·이·의 말

종가에 대한 책을 집필하는 일은 여느 연구서나 논문을 작성하는 것과는 많이 달랐다. 나의 생각으로 대상을 잘 분석하여 나의 관점을 드러내는 것이 연구서와 논문이라면, 이 책을 집필할 때 나의 역할은 차라리 내레이터에 가깝지 않았나 한다. 나의 생각보다는 그 종가가 가진 특성을 다큐멘터리를 보여 주듯 잔잔하면서도 진실되게 보여 주는 것이 그 핵심이 아닐까 생각하며 썼다.

변명을 하자면 종가의 문화를 실제로 체험하지 못한 내 삶의 저변이 그러한 선택을 불가피하게 만들기도 했다. 언젠가 벽사 이우성 선생님을 모시고 안동을 방문했을 때, 함께 수행했던 여러 선생님들과 동학들을 소개하시던 모습을 잊을 수가 없다. '어느 가문의 후손'이라는 소개는 그러한 가문의 혈통에 속하지 못한 한빈한 가문의 후예인 나를 위축되게 만들었다. 설명하기 어려운 소외감이 들었음은 물론이다. 명가의 후손 반열에 들지 못한 사람들에게 명문가 가문에 대한 소개와 인사는 그렇게 때로 뜻밖의 소외감을 불러일으킬 수 있는 것이다.

종가에 대한 집필은 그런 점에서 부담이 없지 않았다. 하지만 '종가'와 '종가 문화'는 어엿하게 존재하는 것이고, 한문학을 전공하는 처지에서 이 민간의 유서 깊고 고급스러운 문화는 응당 탐구하고 성찰할 만한 내용을 가지고 있는 것으로 생각되었다.

전체를 주관하시는 정우락 교수님의 소개로 경북대학교 종가문화연구소를 알게 되었다. 대암종가의 종손 박중곤 교수님도 만나 뵐 수 있었다. 덕분에 조금은 생경하고, 조금은 의례적으로 시작된 종가 문화 탐방에 호기심을 가지고 임할 수 있게 되었다. 종가문화연구소의 활동은 면밀하고 적극적이었으며, 박중곤 교수님은 명문가의 중후한 분위기가 어떤 것인지 몸소 보여 주셨기 때문이다.

대암 박성 종가는 대암 박성朴惺(1549~1606)을 불천위不遷位 조상으로 모시는 가문이다. 대암 박성은 현풍에 살면서 회재와 퇴계·남명의 학통과 두루 연결된 영남의 당대 학자이다. 특히 한강 정구와 깊은 우의를 나누었고, 여헌 장현광과도 깊은 교분이 있었다. 44세 때에 임진왜란을 만나 초유사로 와 있던 학봉 김성일의 참모로 활동하며 공로를 세웠고, 경상도 체찰사로 온 오리 이원익에 의해 주왕산성 의병대장에 추대되기도 했다. 임진왜란의 격랑 중에 올린 16조의 「논시폐소論時弊疏」는 당시의 국정 현안에 대한 통렬한 의견 개진이었지만 받아들여지지 않았다. 임진왜란 이후에는 여러 관직이 제수되었으나 나아가지 않고 학문에 전념하다가 우거해 있던 청송에서 1606년, 58세의 나이로 생을 마친 문인이자 학자이다.

그가 만년에 우거해 있던 청송의 서재 이름은 학안재學顔齋였다. 공자의 고제인 안자顔子를 배우고자 한 것에서 그 학문적 정취를 읽을 수 있다. 만년에 접어들수록 더욱 성리학에 침잠하여 마음을 기르는 학문에 전념하였으며, 매난국죽梅蘭菊竹의 사군자에 기대어 자기 성정의 도야를 유감없이 문학적으로 표현함으로써 그 고고한 기상을 드러내기도 했다.

문집의 많은 분량을 차지하는 서간 가운데는 한강과 월천 등에게 보낸 편지가 주목된다. 생을 마치는 순간까지 『퇴계집』의 간행과 선현들의 서원 건립, 한강의 저작 진행에 대해 상의하며 당대 학술 상황에 관여하고 고심한 진심 어린 마음을 엿볼 수 있다.

대암종가에 소장되었다가 대체로 한국국학진흥원에 기탁된 종가 문헌은 주로 문집의 책판과 문집의 기초 자료가 되는 것을 포함하여 송담서원의 운영과 관련한 고문헌 자료들이다. 한 점의 일실도 없이 단정하게 보관되어 전해진 『대암선생문집』의 책판을 통해 대암종가의 정갈함과 조상의 문헌을 소중하게 생각하는 마음을 볼 수 있으며, 송담서원의 운영과 관련한 자료는 영남의 유서 깊은 서원 운영의 한 진경을 파악하는 데 요긴하다.

현대적인 건축물로 재탄생한 종택에서 준비되는 유난히 해물이 많이 올라가는 대암종가의 제례상은 경남지역을 공직 생활의 주요 터전으로 삼았던 종가의 내력과 현대적 전환을 현명하게 이루어 낸 혜안으로 비쳐진다. 손이 유난히 많이 가는 오색 경단처럼 정성스럽고 소담스러운 종가 음식이 더 이상 전승될 수 없다는 것은 아쉽지만, 종가의 현대적 전환과 함께 받아들여질 법한 것이다. 종가를 찾아오는 많은 손님들을 맞이하고 또 그 음식을 준비하느라 명절이나 봉제사의 날이 되면 다른 분들과의 만남을 전혀 가지지 못하고 처가조차 방문할 수 없었던 종손과 종부의 역할 수행은 이제 명절이 되어도 그다음 날에는 꼭 처가를 방문하게 한다는 차종손의 사례처럼 시대의 변화를 담담하게 받아들이는 방식으로 변모하고 있다.

대암종가의 종손은 화학공학이라는 최첨단의 학문을 익힌 저명한 학자이다. 규모 있는 국립대학 연구사업단의 연구책임자로, 공학 분야 굴지의 학회 임원이자 세계적인 학술지의 편집장으로 학문적 업적을 쌓았다. 이러한 종손이 지극히 전통적인 방면에서 종택을 지키며 종가 문화라는 전통문화의 일면을 면면히 계승하는 것은 우리 문화의 변모와 함께 더욱 현대적 방식으로 변모하고 있는 종가 문화의 현장으로 바라볼 수 있다.

종가와 종택은 불천위 조상을 중심으로 구성된다. 불천위 조상은 존경받을 만한 훌륭한 인물이자 지역적 기반을 토대로 하기 때문에 여전히 그 지역을 살아가고 있는 당대 지역민들에게 깊은 사상적·문화적 공감을 줄 수 있다. 이뿐 아니라 학맥과 혼맥으로 이루어져 계승되고 있는 종가 문화는 우리 학술사·지성사와도 긴밀한 연관 관계가 있다. 종가 문화의 전통은 지역 유림문화의 계승과 함께 자연스럽게 우리 전통문화의 사상적 기층과 정신문화의 한 뿌리를 구성하고 있다.

종가 문화와 직접 관련되어 있는 유교 문화는 급변하고 있는 현대인의 삶의 여건과 도덕의식의 변화에 따라 거센 변화를 요구받고 있지만 여전히 그 의미하는 바와 문화적 자원으로서의 가치는 시들지 않고 있다. 종택과 종가가 보존하여 지켜 오는 조상에 대한 정성스러운 마음과 문화적 자산은 그 지역 주민은 물론 전통의 영향을 받는 이 땅의 현대인들에게도 간과할 수 없는 영향력을 끼치고 있기 때문이다.

현재의 생활세계에서도 여전히 사회적 중추이자 지도층 인사로서 제 역할을 충실히 수행하며 살아가는 종손과 종부, 또 종가 후예들의 삶에서 우리는 우리의 유서 깊은 집안들이 어떻게 당대 사회를 건실하게 구성하며 건강한 문화를 만들어 냈는가를 가늠해 볼 수 있다. 가치 있는 전통문화의 근거 있는 내력을 짚어 볼 수 있는 것이다. 대암종택과 종가는 그 한 가족의 면모로도 충분히 전통문화를 계승해 나가는 좋은 사례로서 볼 수 있다. 대암종가에 대한 견문과 청취는 그런 점에서 참 의미심장하고 생생한 공부가 되었다.

종가와 종가 문화를 한 권의 책으로 만드는 과정에는 많은 분들의 정성과 수고가 있었다. 자료를 제공하고, 내력을 상세히 설명하고, 잘못된 서술을 시종일관 짚어 주고 수정해 주신 대암종가의 종손 박중곤 교수님의 가르침을 잊을 수 없다. 문장을 한 줄 한 줄 살펴 주신 경북대학교 종가문화연구소 여러 선생님들의 수고는 마땅히 감사드릴 일이다. 특히 전체 진행을 맡아 일정을 챙겨 주신 김소연 선생님의 자상함은 큰 힘이 되었다. 원고의 기획과 집필에 큰 관심과 지도를 보여 주신 황위주 교수님을 비롯한 경북대학교 영남문화연구원의 여러 교수님들께도 깊이 감사드린다. 그리고 무엇보다 이러한 좋은 공부의 기회를 주신 정우락 교수님께 진심으로 감사드려야 할 듯하다. 덕분에 우리 전통문화가 현대적으로 전환되는 구체적인 정경을 가깝게 보고 공부할 수 있었다. 우리의 정신사적 자산을 음미해 볼 수 있는 좋은 시간이었다.

2024년 2월

경상국립대학교 남명학관 산해실에서

함영대

대구 대암 박성 종가

목 차

제 1 장

대암종가의 정착과 창신

영남의 저명한 유현儒賢으로 널리 알려진 대암大庵 박성朴惺(1549~1606)과 그 종가는 전통적인 선비 집안의 자취가 '종가 문화의 현대적 계승'이라는 관점에서 어떻게 이해될 수 있는가를 볼 수 있는 좋은 사례이다.

대암 박성의 종가는 현재 14대 종손이 대학에서 퇴임한 교수인 까닭에 상대적으로 더욱 정갈하게 정리된 상태로 종가 문화를 계승하고 있다. 특히 그 선친이 되시는 금계錦溪 박찬규朴燦奎는 공직에 오래 종사하면서, 종가 문화의 현대화로 진작에 눈길을 돌렸다. 종가 문화를 좀 더 현대적인 삶의 토대 위에서 계승할 수 있도록 종택과 종가 묘우廟宇, 서원의 중건을 주밀하게 진행하였으며, 종중의 운영과 관련하여 상당히 체계적인 여건을 구비해 놓았다. 그 결과 대암종가는 '종가 문화의 현대적 계승'을 넘어 '종가 문화의 현대적 전환'이라고 칭해도 무색하지 않을 정도로 종가 문화 현대화의 첨단에 있다.

전통시대에서 현대로 전환되었던 지난 반세기 동안 시대는 격변했으며, 이로 인해 종가 문화는 적지 않은 변화를 요구받고 있다. 다만 '종가'라고 하는 전통시대의 유산을 현대의 생활세계의 상황을 고려하여 전환해야 하는 과제는 종가만이 가져야 할 과제는 아니다. 전통의 계승과 발전은 사회 전체가 중요하게 생각할 의제이다. 특히 그 전통에 계승할 만큼 중요한 유무형의 가치가 있다고 한다면, 그에 대한 더욱 주의 깊은 존중이 필요하다.

대암 박성의 종가는 소중하고 중요한 유산이자 계승할 가치

대암종택

대암사당

가 있는 전통문화를 시대와의 꾸준한 조응을 통해 창신하고 있으며, 변화에 대한 의미심장한 대응으로 매우 모범적인 사례가 될 수 있을 것이다. 여기서는 그것을 가능하게 했던 종가 문화의 저변은 물론 현재 종가를 이어 가고 있는 종손의 생각과 삶의 자취를 좀 더 생생하게 드러내고자 한다.

대암종가의
정착과 창신

1 대암 박성의 입향과 종가의 전승

대암 박성은 밀양박씨로 자는 덕응德凝이다. 대암의 8대조인 박중미朴中美는 고려 조에 홍건적의 난을 토벌한 공훈으로 밀직부원군密直府院君으로 봉군封君되어 밀직부원군파의 파조가 되었다. 경상북도 청도군 일대가 밀직부원군의 사패지였다. 600년 전 밀직부원군의 큰아들이자 안동 부사 겸 화령부和寧府 소윤小尹이었던 소윤공 박희朴曦는 포산곽씨苞山郭氏와 혼인하면서, 현풍의 솔례率禮 웃담마을로 입향入鄕하여 저택을 지었다. 이때부터 대암 종가는 현풍에 자리 잡게 된다.

전하는 말에 의하면 이때 저택의 규모는 열두 대문을 시작으로 약 2000평이었으며, 열두 대문의 터만도 약 300평이 될 만큼

소윤공 구택 열두 대문 터(박중곤 제공)

규모가 대단하였다고 한다. 이로 미루어 당시 소윤공의 위세를 쉽게 짐작할 수 있다. 성곽에 쓰일 정도로 큰 주춧돌을 지금도 소윤공의 저택 터에서 발견할 수 있다.

포산곽씨苞山郭氏 종택은 소윤공의 저택으로부터 동쪽으로 500m 정도 떨어져 있고, 한훤당寒暄堂 김굉필金宏弼의 당시 구택은 소윤공 저택으로부터 북으로 500m 정도 떨어져 있었다. 당시에는 인근에 약 200호가 모여 살고 있었을 정도로 큰 마을이었다고 한다.

한훤당 김굉필의 구택은 이후 도동道同으로 옮겨졌다가, 약

한훤당 구 저택 터 재실(박중곤 제공)

200년 전 현재의 못골 종택으로 옮겨졌다. 이러한 사실은 인근의 포산곽씨 종손이나 유림의 나이 드신 여러 어른들로부터 확인할 수 있다. 한편, 밀직부원군의 둘째 아들은 옥산전씨玉山全氏와 혼인하고 대사헌을 지낸 후, 경산慶山(지금의 대구광역시 수성구 시지동)으로 입향했다.

소윤공 박희가 솔례에 입향한 후 7대까지 그 일족이 솔례마을에 거주했다. 1592년 임진왜란이 일어나 왜적들이 현풍으로 쳐들어오자, 대암은 가솔들을 안음의 덕유산으로 피신시키고 그 자신은 학봉 김성일을 돕는 의병으로 활동했다. 1596년 임진왜란이 소강 상태에 접어들자, 대암은 전쟁의 어려움을 피해 가솔들과 함께 청송 주왕산의 학안재學顔齋로 들어갔다. 이듬해인 정유재란 때에는 경상도 체찰사 이원익李元翼의 추대로 주왕산성 의병대장, 청송·진보·영덕 지역의 의병장으로 활동했다.

대암의 사후 청송에서 송담松潭으로 운구하여 장례를 치렀다. 그 후 대암의 아들인 매산공梅山公 대에 이르러, 일족은 솔례마을에서 2km 정도 떨어진 구지면求智面 창리倉里 439번지 및 372번지 일대로 이주했다. 이 당시 대암의 딸[회재晦齋 이언적李彦迪(1491-1553)의 손자인 설천정雪川亭 이의활李宜活의 부인]이 창리倉里에 3년간 머무르며 친정 동생인 매산공을 돌보다가 경주 양동梁同으로 돌아갔다. 임란 직후에 당시의 분재 제도分財制度에 따라, 매산공의 누이는 대암의 사후 재산을 매산공과 거의 같은 지분으로 나누어 받았다. 지금도 경주 양동에는 현풍들이 남아 있다.

한편 이 무렵 대암의 삼종인 박연옥朴璉玉은 솔례에서 거창으로 이주했고, 대사헌의 9대손이자 매산의 조카인 괴천槐泉 박창우朴昌宇는 경산에서 울산으로 이주했다. 이에 따라 울산에는 송정松亭 문중이 형성되었다. 박창우의 8대손이 독립군 총사령 고헌固軒 박상진朴尚鎭인데, 박상진은 1921년 일제에 의하여 처형당했다. 대암과 매산공의 위상을 통해, 임진왜란 후 구지면 창리 439번지 및 372번지 일대에 건립되었던 종택의 규모를 쉽게 짐작할 수 있다.

박상진 의사(박중곤 제공)

이렇게 면면이 이어지던 종택의 내력은 일제강점기를 맞이하여 한 번의 큰 시련을 겪는다. 일제강점기 때에 일제는 한국인의 정신적 지주를 박해하고자 안동의 임청각에 철도를 매설했다. 이와 마찬가지로, 대암의 후손이자 지역 유지이며, 독립군 총사령이었던 고헌 박상진의 송정 문중과 가까운 친척이기도 했던 대암종가가 일제의 눈에 거슬렸던 것은 불문가지이다. 일제강점기가 저물 무렵, 대암의 10대 종손이자 현 종손의 고조부인 선담仙潭 박정진朴廷鎭은 일제의 핍박으로 구지면 창리 439번지 및 372번지 일대에서 현재의 구지면 창리 581·582·584·585·557번지 일대로 이주했다. 일제강점기 전만 하여도 대암의 불천위 제사 때는 소를 한 마리 잡아서 제수로 썼는데, 일제강점기 말경에는 돼지 한 마리밖에 못 잡았다고 하니 그 가세가 기울었음을 짐작할 수 있다.

6·25 한국전쟁 당시 구지면은 한국군과 인민군의 전투가 치열한 지역이었다. 대암의 조부인 감찰공의 묘소가 구지면 응암리 덕골 종산에 있는데, 그 비석에는 아직도 남한군과 북한군의 총격전에 의한 탄흔이 남아 있다. 대암종가가 경상북도 청도군으로 피난을 갔다가 구지면으로 돌아오니, 종택은 폭격을 당해 완전히 불타 소실되고 아무것도 남아 있지 않았다. 종택 일대는 북

현대화된 대암종택과 사당

한군의 본부로 사용되었고, 주변의 작은 집들에도 북한군들의 시체가 널브러져 있었다. 12대 종손 송재공松齋公은 당시 가장 좋은 목재를 구하여 종택을 목조 건물로 중건하였다.

1990년대 초에 13대 종손 금계錦溪 박찬규朴燦奎는 선진화된 의식과 미래를 내다보는 안목을 가지고, 종택과 종중 행사 등을 개량·개선하기로 하고 이를 실천에 옮겼다. 박찬규 종손은 경상남도 내무국장, 김해·고성·하동 군수, 삼천포 시장 등을 역임했는데, 이러한 경험을 통해 종가의 미래에 대한 선진화된 의식을 가질 수 있었다. 그리고 현재 대암종가를 지키고 있는 14대 종손

종택과 인근 근영

소헌素軒 박중곤朴重坤은 당시 미국에서의 연구를 마치고 한국으로 귀국한 상황이었다.

대암의 불천위 신주를 모신 사당은 수백 년 전부터 내려오는 대로 유지하기로 하였다. 종택은 미래의 주거 변화를 예측하여 붉은 벽돌 벽과 전통 기와지붕을 유지하고, 내부는 현대식으로 융합하여 현재의 종택으로 개량하였다. 사랑채의 건물은 초기의 구상대로 대암종가의 종중 사무실로 사용하기로 했다.

현 종손이 어렸을 때, 종택 주변은 모두 박씨 일가의 집이었다. 서로 오가며 교류하던 어르신들은 거의 다 돌아가셨다. 도

시화가 진행되면서 종택의 주변에 구지국가산업단지가 조성되었고, 이로 인해 구지 일대에 형성되어 있던 집성촌은 대구·부산·서울·김해·청송·창녕 및 구지 창리 등지에 산재하게 된다. 일제에 의해 이주되기 전 종택이 있던 구지면 창리 439번지·372번지는 현재 구지면 행정복지센터와 구지치안센터로 사용되고 있다.

한편 선담仙潭 박정진朴廷鎭은 울산의 봉산정鳳山亭에 시판詩板을 헌정獻呈하였는데, 이 시판은 지금도 봉산정 벽에 걸려 있다. 앞서 언급했듯 울산에는 매산의 조카인 괴천 박창우가 울산으로

고헌 선생 생가(박중곤 제공)

이주하면서 형성된 송정松亭 문중이 있다. 울산 송정마을에는 고헌 선생 기념공원이 있고, 고헌 선생 생가와 송애정사松厓精舍가 복원復原되어 있다. 대구의 대암종가 문중과 울산의 송정 문중은 현재까지지도 친밀한 사이로 지내고 있다.

대암종가의
정착과 창신

2 종가 문화의 창신

대암종택은 이러한 시대의 변화에도 불구하고 종가의 지위를 유지하면서 굳건하게 그 자리를 지키고 있다. 종가 문화는 다양한 형태로 변화하고 발전하였는데, 그 변화의 중요한 전환점에는 13대 종손 금계 박찬규가 있다.

13대 종손은 공직 생활을 30년이나 하였는데, 경상남도 내무국장과 삼천포 시장을 끝으로 공직 생활에서 물러났다. 그리고 고장故庄으로 돌아와 종중의 일을 보살피고 위선사업爲先事業을 해야겠다고 결심했다. 송담서원의 복원부터 시작하여, 1994년에 노후한 종택과 그에 연접한 사당 건물을 종중에서 중건하는 일을 계획했다. 서원과 사당 건물을 중수하는 과정에서 대암종가

울산 송애정사(박중곤 제공)

울산 송애정사 안내문(박중곤 제공)

13대 종손 금계공 박찬규(박중곤 제공)

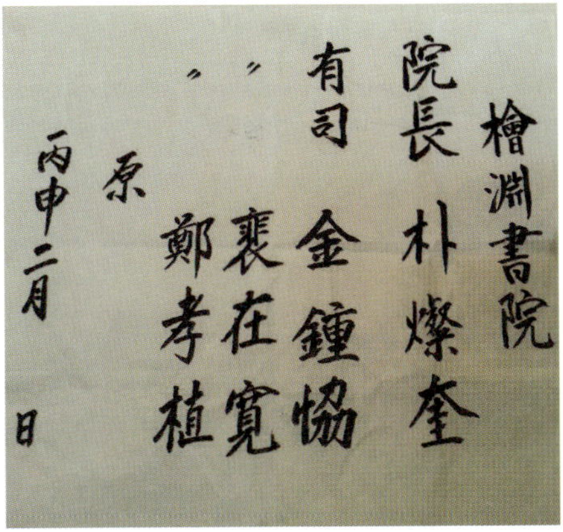

檜淵書院
院長 朴燦奎
有司 金鍾協
〃 裵在寬
〃 鄭孝植
原
丙申二月 日

회연서원 원장 역임을 통한 유림 활동(박중곤 제공)

와 종중이 보여 준 모습은 어떻게 종가 문화가 창신될 수 있는지를 보여 주는 사례로서 참고할 만하다.

1) 대암종가 사당 중건

금계공은 대암종가의 사당을 1997년 2월에 중건하기로 결심했다. 사당을 건축할 목수를 구했으나, 인근 읍면에서는 목수를 구하기 어려워 수소문 끝에 현풍에 있다는 목수를 솔례에 있는 친척 형님으로부터 소개받았다. 목재를 구하려고 대구의 목재상 몇 곳을 돌아다녀 보았으나, 목재의 건조 상태가 좋지 않았고 수입 목재가 대부분이었으므로 사당 건축에 쓸 목재를 선정하기가 여간 힘들지 않았다. 그 가운데 상품上品을 골라 계약한 후 1997

대암 선생 묘우 헌성비

년 4월에야 착공을 시작할 수 있었다. 그런데 금계공이 보기에 목수가 세련되지 않아 고충이 많았다고 한다. 몇 차례나 부분적인 재시공을 했고, 심지어 시공 후 서까래가 짧아 사당의 지붕을 재시공하는 등 애로점도 많았다고 한다. 하지만 종가의 건축물에 대한 종손의 애정과 수고는 종중의 호응을 불러 일으켰다. 종중의 건물, 특히 종중 제사의 상징격인 묘우廟宇를 중건하는 과정에서 종손과 종중이 어떠한 태도를 취했는가를 살펴볼 필요가 있다.

건축비의 경우, 종손은 여력이 없는 종중의 사정을 고려하여 본인이 건축비를 부담할 각오로 사당을 시공했다. 그러나 상량을 마치고 공사가 진행되고 있을 때, 동생 찬식燦埴을 위시한 자

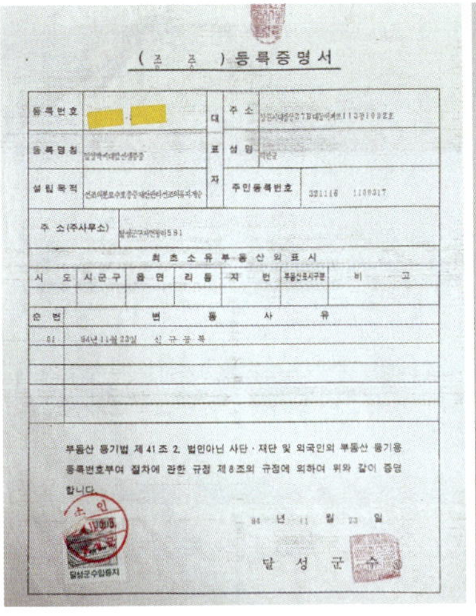
(종 중)등록증명서

등록번호		대표자	주 소	
등록명칭			성 명	
설립목적			주민등록번호	321116 1100317
주 소(주사무소)				

최초소유부동산의표시

시 도	시군구	읍 면	리 동	지 번	부동산등기구분	비 고

순 번	변 동 사 유
01	94년11월23일 신규등록

부동산 등기법 제41조 2. 법인아닌 사단·재단 및 외국인의 부동산 등기용 등록번호부여 절차에 관한 규정 제8조의 규정에 의하여 위와 같이 증명합니다.

94 년 11 월 23 일

달 성 군 수

대암종중등록증

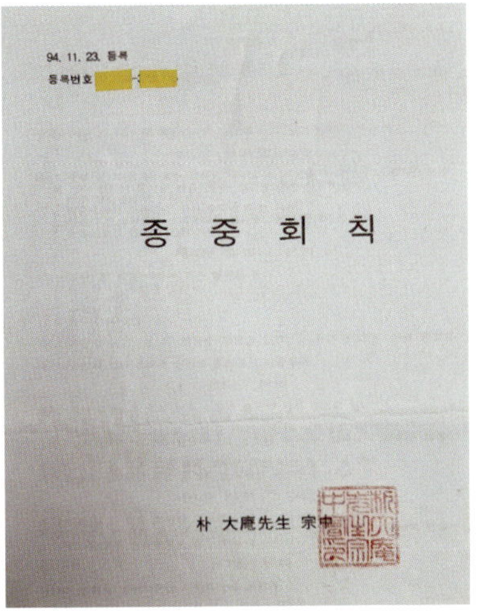
94. 11. 23. 등록

등록번호

종 중 회 칙

朴 大庵先生 宗中

종중회칙

손들이 소종小宗별로 각자 성의를 보태어 5000여 만 원을 답지하였다. 그중 동생 찬식이 2000만 원을, 출가한 정숙貞淑이 500만 원을 출원한 것은 넉넉한 도움이 되었다. 집안 가족들의 자발적인 도움이 종중 공동의 일을 추진하는 데 큰 지원이 되었던 것이다. 종손은 사당 안에 비碑를 세우고 성의를 낸 내역을 새겨, 이들의 정성을 잊지 않게 함으로써 감사의 뜻을 표했다.

총 공사비는 7000만 원이 들었는데, 그중 부족분은 종손 본인이 부담했다. 그리고 1997년 8월 30일 드디어 묘우를 완성시켰다. 자손 백여 명이 모여서 신주神主 봉안행사奉安行事를 진행할 때 종손의 마음이 얼마나 흐뭇했을지 짐작된다.

그 후에도 추가적인 보완, 이를테면 사당의 칠과 신주함神主

函·교의交椅·제상祭床 등 사당에 필요한 비품의 교체에 600만 원이 추가로 소요되었다. 하지만 이제 묘우가 어느 명문가의 묘우 못지않은 불천위 사당으로서의 면모를 갖출 수 있게 되었기에, 종손은 한시름 놓을 수 있었다고 한다. 결국 대암종가 금계공의 사례에서, 종택을 지키며 종가의 일을 주선하는 위치에 있는 종손의 활동이 종가 문화에 우선적으로 중요하게 작용할 수밖에 없다는 것을 또 한 번 여실히 확인할 수 있다.

2) 대암 선생 보종회大庵先生補宗會 활동

종가 문화의 창신과 관련하여 대암종가에서 행한 것이 '밀양 박씨 대암 선생 종중' 등록과 '대암 선생 보종회' 창립 및 종중 운영 형태 개선이다. 대암 선생 보종회는 13대 종손 금계공에 이르러 만들어진 것으로, 대암종가 문화의 창신과 관련하여 매우 의미심장한 역할을 수행하고 있다.

대암 종중은 대암이 문신이자 의병장으로, 충·효·의를 겸비한 종중의 큰 조상이라고 생각했으며, 대암을 충분히 드러낼 만한 현조顯祖로 인식하고 있었다. 그러나 일제강점기를 거치면서 종중의 형편이 좋지 못해 그 조상의 유덕을 잘 기리지 못하는 실정이었다.

대암 때에 종중의 재산은 큰 부호라고 할 만했다. 하지만 대암 이후 몇 대를 내려오면서 가세가 쇠잔해졌다. 그리고 가깝게는 금계공錦溪公의 5대조·고조부 양대가 40세 전후에 하세下世하고 경황이 없는 와중에 가세가 더욱 어렵게 되었다. 이와 같은 종중의 형편으로 인해, 대암 종중에서는 조상의 유덕을 제대로 기리기 어려웠다.

종중에서 관리하던 송담서원의 경우, 해방 전 일제강점기 때까지는 관리인이 하인을 두어 위토位土를 경작하고 살면서 서원과 선산을 수호할 정도는 되었다. 그런데 1970년대 후반 이후 우리나라의 경제성장과 더불어 서원 관리인의 신분 및 이들에 대한 사회적 인식이 좋지 않게 바뀌었다. 이에 따라 서원 관리인을 맡길 기피하는 현상이 나타났고, 착실한 관리인을 구하기가 힘들어졌다.

1968년 종손이 된 금계공은 경상남도에서 공직 생활을 하였기 때문에 종중과 종택이 있는 고장故庄을 비우게 되었다. 그 가운데 박인수朴寅洙는 종중의 유사로서, 20년 동안 종중의 어려운 대소사를 맡아 수행하면서 1978년에 『무오보戊午譜』를, 1986년에 『밀직부원군파대동보密直府院君派大同譜』를 두 차례 발간했다. 그런데 1980년대 중반부터는 서원의 관리인으로 입주하여 벽지 산간에서 직접 농사지을 만한 사람도 없었고, 서원의 관리인에게 위답토位畓土 이외에 월 수당까지 지급해야 할 형편이었다.

금계공은 선고 내외분이 하세하신 후, 이런 사정을 감안하여 덕골 산소의 위토와 창동 논 2두락을 동생 찬식과 함께 매입하여 선고 내외분 몫으로 종중 위토답에 보태었다. 또 송담松潭과 그 주변 강변의 밭 600여 평을 매입하여 종중에 헌납하는 등 종

밀양박씨 족보

중의 일이 있을 때마다 중요한 도움을 주었다.

이러한 가운데 종손이 1993년 30년간의 공직 생활에서 퇴임하여 고장故庄을 자주 내왕하면서 종중의 일을 보살피게 되었다. 당시 서원의 일을 보아 주던 박인수도 고령으로 종중의 일을 계속 감당하기 어려워, 면장 출신인 종제 박찬수朴瓚洙에게 유사有司 직을 위임하고 중요 현안을 후견하고 있었다. 그러던 중 1994년 송담서원 복원 후 찬수에게 일체의 일을 맡기고 물러났다고 한다.

박찬수는 3년여의 기간 동안 종중의 일을 맡았다. 그러나 종중의 기금이 부족하여, 종손 본인이 부득이하게 사비를 들여 서원 내의 게첨물揭添物 등과 관련한 대소경비大小經費와 관리인의 월급 등을 지급하면서 종중을 운영했다. 그러던 중 1998년 대암 선생의 큰 제삿날에 친족 제관들이 모여 어려운 종중의 일을 논

『밀직부원군파대동보』(박중곤 제공)

의하면서, 종중의 운영 형태와 관련하여 종중 회칙의 범위 내에서 체계 있게 종중을 운영해 보자고 결의하였다.

이렇게 탄생한 것이 바로 '대암 선생 보종회'이다. 종손은 고심 끝에 보종회의 회칙을 작성하여 10월 묘사에 모인 종친들에게 올려 인준을 받았다. 그리고 회칙에 의거하여 임원을 선임했는데, 고문으로는 연로한 종친과 사회의 지명知名 종친宗親을 포함하여 9명을 선임하고, 회장과 부회장·총무·부총무·감사 등을 선발했으며, 소종小宗별로 추천을 받아 운영위원 40명을 위촉하였다. 그 주요한 내용만 살펴보면 다음과 같다.

대암 선생 보종회 회칙

제1조(명칭) 본회는 '대암 선생 보종회'라 칭한다.

제2조(목적) 본회는 선조의 덕업을 숭상하고 유적을 보존하며 전통가문

의 미풍양속과 근본을 선양하는 한편 친족 간의 화목과 단결을 도모함을 목적으로 한다.

제3조(사무소) 본회의 사무소는 달성군 구지면 창리 581번지 종택 내에 둔다.

제4조(사업) 본회는 제2조의 목적을 달성하기 위해 다음 각호의 사업을 한다.

(1) 선조의 유적보존관리와 제향봉사祭享奉祀

(2) 조상의 위업을 선양하는 홍보간행물 발간 및 행사

(3) 친족 간 화목과 단결을 도모하는 행사 및 간행물 발간

(4) 종중과 본회 발전을 위해 필요한 사업

제5조(회원) 본회의 회원은 대암 선생 후손(방손 포함)으로 구성하며 본회 취지에 찬동하는 특별회원을 둘 수 있다.

그 이듬해가 되는 1999년에 회칙에 따라 일차적으로 총회 겸 화수회가 송담서원에서 열렸다. 원근 친족 다수가 참석한 가운데 조상의 높은 음덕을 기리고 전통가문의 근본을 되새기면서 종중의 운영방안을 진지하게 논의하였다. 또한 종중 운영 헌성금獻誠金을 갹출하였는데 일차적으로 3800여만 원이 모금되었다. 헌성금 내역은 종중 보종록補宗錄에 등재하여 영구 보존토록 했다.

이 보종회 겸 화수회는 2000년을 비롯하여 2001년·2002년·2004년에도 꾸준히 개최되어 친족 간의 화합과 단결을 도모하고 있다. 그런데 근래 젊은 사람들의 도시 집중화 추세, 농촌 공동화 현상이 진행되면서, 결국 회장·총무와 같은 운영위원들

대암 선생 보종회 명부(박중곤 제공)

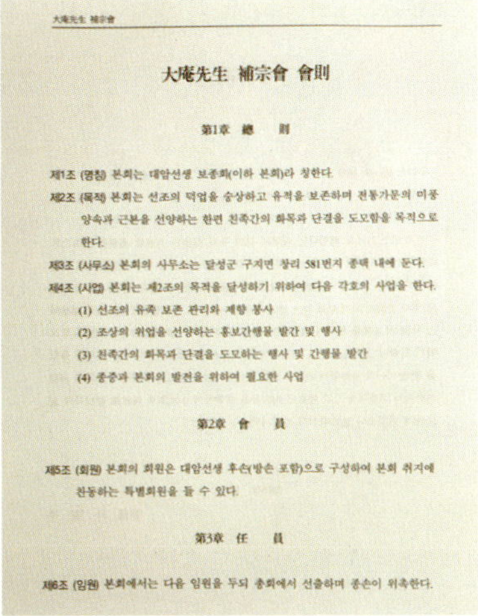

大庵先生 補宗會

大庵先生 補宗會 會則

第1章 總 則

제1조 (명칭) 본회는 대암선생 보종회(이하 본회)라 칭한다.

제2조 (목적) 본회는 선조의 덕업을 숭상하고 유적을 보존하며 전통가문의 미풍양속과 근본을 선양하는 한편 친족간의 화목과 단결을 도모함을 목적으로 한다.

제3조 (사무소) 본회의 사무소는 달성군 구지면 창리 581번지 종택 내에 둔다.

제4조 (사업) 본회는 제2조의 목적을 달성하기 위하여 다음 각호의 사업을 한다.

(1) 선조의 유적 보존 관리와 제향 봉사

(2) 조상의 위업을 선양하는 홍보간행물 발간 및 행사

(3) 친족간의 화목과 단결을 도모하는 행사 및 간행물 발간

(4) 종중과 본회의 발전을 위하여 필요한 사업

第2章 會 員

제5조 (회원) 본회의 회원은 대암선생 후손(방손 포함)으로 구성하며 본회 취지에 찬동하는 특별회원을 둘 수 있다.

第3章 任 員

제6조 (임원) 본회에서는 다음 임원을 두되 총회에서 선출하며 종손이 위촉한다.

대암 선생 보종회 회칙(박중곤 제공)

과 그 자손들이 시사時祀·산소 벌초·유적 보존 등과 같은 종중의 일을 도맡아 하고 있어 노고가 가중되고 있다. 이 같은 상황은 금세 개선하기 어려워 보인다.

3) 송담서원의 복원 과정과 종가의 위선사업

송담서원은 대암 박성을 제향하는 서원이다. 대구광역시 달성군 구지면 도동리 송담에 위치한다. 송담서원이 대암을 서원의 제향 인물로 추대할 때의 명분은 이러했다. 선조 조의 중외칠현中外七賢 가운데 수현首賢이었고, 왕자 사부에서 정랑·부사 등 내외 관

직에 이십여 차례나 제수되었으나 대부분 취임하지 않았으며, 임진왜란 때에 창의하여 체찰사 오리梧里 이원익李元翼(1547–1634)의 추대로 의병대장을 지낸 대암의 학덕을 기린다는 것이다. 곧 대암의 학문과 의병장으로서의 국가에 대한 충성을 높이 평가한 것이다.

송담서원 앞에는 1996년 9월 2일에 황위주 교수가 작성한 송담서원 안내문이 있다. 송담서원의 역사를 일목요연하게 잘 소개하고 있다. 그 내용을 우선 소개한다.

송담서원은 대암 선생의 학덕을 추모하여 세운 서원이다. 선생의 자는 덕응德凝, 휘는 성惺, 호는 대암大庵, 본관은 밀양이며, 1549년(명종 4) 현풍 솔례率禮에서 출생하였다. 어린 시절 죽재 곽준郭越과 낙천 배신裵伸의 문하에서 수학하였고, 24세 때 한강 정구, 동강 김우옹, 송암 김면, 수우당 최영경, 여헌 장현광 등 제현과 도의를 논하고 심경을 강론하면서 당대 명현들과 교유하였다.

명종 22년 19세 때 모부인의 권유로 사마시에 응시하여 수석으로 합격하였으나 곧 과거를 포기하고 학문에 열중하였으며, 34세에 영남팔현嶺南八賢 또는 중외中外(전국)칠현七賢의 수현으로 천거되어 왕자 사부·정랑·현감·군수·부사·통례원 상례·군자감 부정 등 20여 차례나 많은 내외직에 임명되었지만 대부분 사임하고 나아가지 아니하였다.

임진왜란 때는 초유사 학봉 김성일의 참모로 의병 활동에 참여하였고, 정유재란 때는 청송 학안재學顏齋로 우거하여 청송·진보·영덕 지역의 의병대장으로 활동하기도 했는데 이때 체찰사 이오리梧里(원익元翼)가 언제나 선생이라 호칭하면서 공경하였다고 한다. 선조 39년 청송에서 58세를 일기로 세상을 떠나니 현풍으로 운구하여 송림 선영 아래 장례하였다.

선생 사후 28년경에 장여헌(현광)이 발의發議하여 쌍계에 서원을 세웠으나

송담서원

송담서원 안내판

▲ 송담서원

▼ 덕양문

송담서원 편액(박중곤 제공)

경의당 편액(박중곤 제공)

화재로 미처 봉안하지 못하였고, 그 뒤 60년 만인 1693년(숙종 19)에 사림에서 다시 발의하여 선생의 산소 아래에 서원을 건립하여 편액을 송담서원이라 하고 선생을 봉향해 오던 중 대원군 때 서원철폐령에 따라 훼철되었다가 건물이 낡아 헐고, 1993년부터 자손들이 뜻을 모으고 나라의 지원을 받아 다시 서원을 복원하고 있다.

송담서원의 건축과 중축의 과정에는 상당한 역사가 있다. 대암의 사후 28년 만인 1634년에 여헌 장현광은 사림에 통문을 내어 서원을 쌍계에 세웠다. 그러나 홀연히 봉안전에 불이 나 소실

대암 박성 묘소

『송담서원알사록』(박중곤 제공)

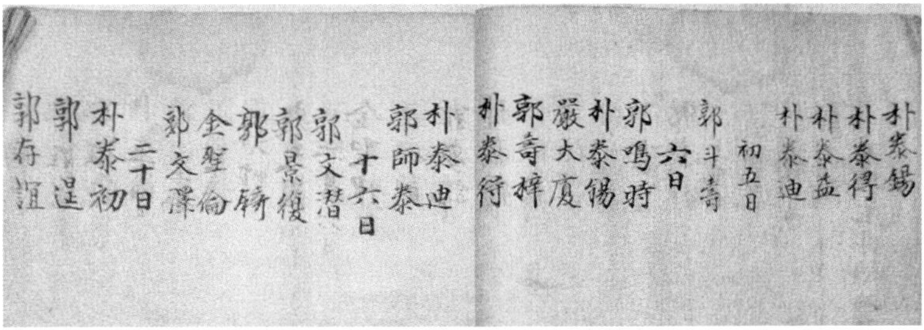

『송담서원알사록』(박중곤 제공)

되어 다시 구축하지 못했다. 그 후 1693년(숙종 19)에 도내 사림이 다시 발의하여 대암의 묘소 근처에 서원을 세웠고, 편액을 송담서원이라 하여 1694년(숙종 20)에 위패를 봉안하였다. 원액院額 '송담서원' 4글자는 진사 최준식崔俊寔이 썼으며 강당講堂 정간正間의 '경의당敬義堂' 3글자는 진사 곽재일郭再一이 썼다.

송담서원은 인재를 양성하고 선현을 제향하는 서원 고유의 기능 외에도, 여전히 지역 유림들에 의해 자치적으로 운영되는 향촌질서의 유지를 담당하고 있다. 1694년부터 1806년까지 사묘祠廟에 분향焚香한 기록을 남긴 일지日誌인 『송담서원알사록松潭書院謁祠錄』에 의하면, 송담서원은 흥선대원군에 의하여 1871년에 훼철될 때까지 종중의 주관으로 잘 관리되고 운영되었던 것을 확인할 수 있다. 그리고 인근의 종택에서 송담서원을 관리했을 것으로 짐작된다. 1741년 영조가 서원을 당쟁의 소굴로 지목하여 300여 개소의 서원을 철폐하였으나, 대암을 모신 송담서원松潭書

송담서원 앞 은행나무(박중곤 제공)

院은 건재했다. 그러다 1871년에 서원훼철령으로 훼철되었고, 일제강점기 때 또다시 원인 모를 화재로 소실되었다.

한편 송담서원 앞에 우뚝하니 서 있던 수령이 수백 년 된 은행나무가 있었는데, 일제가 이 은행나무를 베어 버렸다. 독립투사 고헌 박상진과 친밀한 집안의 선현을 일제가 흔쾌하게 보았을 리 없다. 그때 베어진 그루터기에서 싹이 나와 자란 나무가 어느새 수령이 100년 된 은행나무가 되었으니 세월의 흐름을 느낄 수 있다.

그 후 자손들과 도내 유림이 서원을 임시 복원하여 대암을 추모해 왔으나, 건물이 낡아 서원을 중건해야겠다고 오랫동안 고심하던 13대 종손 금계공이 30여 년의 공직 생활에서 퇴직하

송담서원 중앙 뜰

여 고장故庄에 돌아와 종중의 일도 보살피고 선조의 유적도 정비하기로 마음먹었다. 그러던 차에 2억여 원의 자금이 염출되어, 금계공은 종중의 의견을 물어 일차적으로 서원 복원을 추진하였다고 한다.

여기서 주의 깊게 볼 것은 서원의 복원에 대한 주도면밀한 진행이다. 서원의 건축과 관련하여 목수·자재·건축 등의 관리 및 감독은 당시 종중 유사였던 찬수가 맡았고, 금계공은 1993년 4월에 서원 복원에 착공하였다.

서원을 건립하는 데에 절차도 소홀히 할 수 없었다. 상량上梁 고유일을 택일해 보니 5월 중순이었으므로, 서원 복원 일정이 시급했다. 보통의 한학자는 상량문을 짓기 어려울 뿐만 아니라, 상

송담서원 중건 상량 고유제(박중곤 제공)

량문을 지으려면 학식도 풍부하고 여러 가지 조건도 겸비해야 했다. 이에 종손은 수소문 끝에 경남 서부에서 명망이 있다는 진주의 최인찬崔寅讚을 소개받고, 그를 찾아가 서원 상량문을 찬撰하길 부탁하였다. 종손은 그로부터 쾌한 승낙을 받고 귀가했고, 한 달여가 지나 상량문을 찾아왔다.

송담서원 복원상량문(일부)

철현哲賢은 가시어도 장존長存하시니 우러러 뵈올수록 산악보다 높으시며 서원은 빈터 돼도 복원하는 오늘 추모하면 할수록 흠모의 정 간곡하다.

천리에 순응하며 인사 다하면 운수는 반드시 돌아오려니 이륜彛倫대로 자기 분수 지켜 간다면 정성은 하나같이 저절로 머무르리라. 삼가 생각할 때 대암 선생은 절세의 대인이며 교남嶠南의 석학이라.

위로는 퇴도 선생의 연원이니 학문 행실 곱게 피워 향기로웠고 일찍 들은 남명 선생의 절의 본따서 벼슬길 물거품 보듯 하셨네. 밤낮으로 성현의 교훈 사모하셔서 도학의 진수까지 파고드셨고 조석으로 전래傳來 수모垂模 사복思服 하시어 세수지업世守之業 천양하심 아름다워라.

1993년 5월에 자손들과 유림 다수가 참석한 가운데에 서원 상량 고유제 행사를 하였다. 그 다음에 송담서원의 건립 300주년이 되는 1994년 4월에 공사를 준공하며, '송담서원' 원호院號를 현게懸揭하고 고유하는 행사를 하였다.

서원에 게시될 현판과 기문은 대암종가와 관련 있는 종중의 명사들로부터 글과 글씨를 받아 마련했다. 강당의 정호正號인 '경의당敬義堂' 3글자는 서울에 거주하는 일두 정여창의 자손 정주상鄭周相으로부터 받아 각刻하여 게첨揭添했고, 서원 복원의 기문은 고령의 관동 이헌주李憲柱가 찬하여 게첨하였다.

그러나 서원의 중건과 같은 큰 비용이 소요되는 사업은 한 번에 모든 것을 할 수 없는 것이다. 종손 역시 서원의 부대시설과 주변의 정비 사업을 한 번에 할 수 없어서, 몇 년에 걸쳐 국비 지원을 받아 연차적으로 서원 담장 공사, 계단 구축, 서원 앞 주차장 구축, 도로에서 서원으로의 진입로 및 대암의 산소로 가는 길 확·포장, 그리고 대암의 신도비각 담장 개축 등을 선현 유적 정비 사업으로 시행하였다.

이처럼 서원의 중건과 같이 규모가 있는 일의 경우, 그만한 일을 할 수 있는 역량과 종중의 힘을 한데 모을 수 있는 리더십, 아울러 하나하나의 일에 모두 관심을 가지고 처리할 수 있는 능력이 고루 필요하다. 13대 종손의 오랜 공직 경험은 그러한 규모 있는 종중의 일을 원활하게 처리하는 데 충분한 자산이 되었을 것이다.

제2장

대암의 생애와 학문, 후대의 기억

7대조로 화령부 소윤을 지낸 박희朴嘻가 현풍곽씨와 혼인한 이래 대암의 집안이 현풍에 터를 잡고 살게 된 것은 앞서 소개했다. 좀 더 대암 가까이 내려와 보자. 대암의 조부는 사헌부 감찰을 지낸 박순朴純이며, 아버지는 생원 박사눌朴思訥이다. 어머니 광산김씨는 관찰사를 지낸 김연金緣의 딸이다.

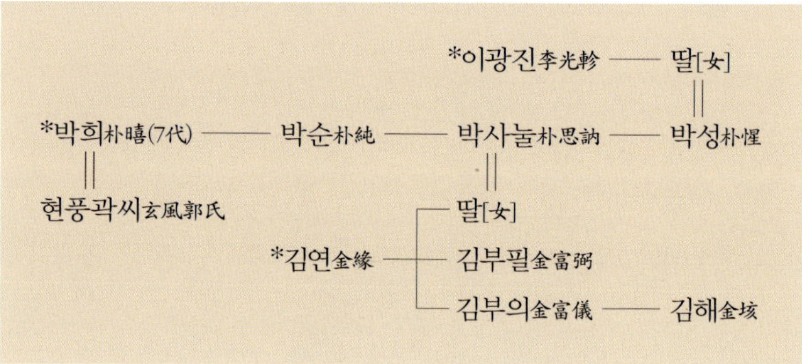

대암의 8대조 중미中美는 고려 충목왕 때 재상으로 오랫동안 지내다가, 공민왕 때인 1361년 홍건적의 난을 평정하여 보리공신으로 밀직부원군에 봉군되어 밀직부원군파의 파조가 되었다. 7대조인 희嘻는 통정대부 화령부 소윤인데, 현풍곽씨玄風郭氏와 혼인하여 그 인연으로 현풍에 거주했다. 이는 지금으로부터 약 600년 전으로, 대암의 집안이 현풍 솔례촌에 터를 잡고 살게 된 유래가 되었다.

대암을 기준으로 보면, 아버지 박사눌은 성품이 너그럽고 온화하였으며, 학문이 뛰어나 26세에 생원시生員試에 합격하였다.

『포산지』(국립중앙도서관 제공)

모부인母夫人 광산김씨光山金氏는 효성스러운 덕이 있고 문예文藝에도 뛰어났으며, 『여범女範』 9권을 지어 지지地誌에 그 이름이 올랐다. 또 남편이 죽고 나서 홀로 남자, 남편의 상喪을 치르는 9년 동안 상복을 입었다. 그래서 『포산지苞山志』에 열녀烈女로 그 이름이 오르니, 사람들이 그 정절貞節에 탄복하였다.

대암의 생애와 학문,
후대의 기억

1 대암 박성의 생애와 선비로서의 출처

대암은 1549년(명종 4) 7월 1일 현풍의 솔례촌率禮村에서 태어났다. 9세 때에 부친상을 당했고, 11세 때에 죽재竹齋 곽간郭趕의 문하에서 배웠다. 17세 때 통정대부 승정원 좌부승지左副承旨를 지낸 이광진李光軫의 딸 여주이씨와 혼인했다. 19세 때 모부인의 권유로 시험에 나아가 그해 10월 사마시司馬試에 수석으로 합격하였다.

1549년(선조 2) 21세 때 존재 곽준과 함께 낙천洛川 배신裵伸에게 나아가 『대학』을 배웠다. 낙천이 대암의 탁월한 재주와 비범한 동정을 보고, 한훤당寒暄堂의 고을에 다시 인물이 났다고 말하였다. 그리고 대암은 한강寒岡 정구鄭逑 선생先生이 올바른 학문에

대암 박성 흉상

종사한다는 말을 듣고, 마침내 한강과 종유하여 학문을 강론하고 크게 경계하니 깨우침이 있었다.

31세 때 모부인의 복服을 마치고 과거科擧를 보지 않기로 했는데, 이해에 학행學行으로 정랑正郎에 세 번이나 제수除授되었다. 그러나 대암은 이에 나아가지 않고 한강 정구·동강 김우옹金宇顒·송암 김면金沔·수우당 최영경崔永慶·존재 곽준郭䞭·여헌 장현광張顯光·옥산 이기춘李起春 등 당대 명현들과 도의를 논하며 교유하였다.

1589년(선조 22) 41세 때 선조宣祖가 팔도에 학행이 높고 뛰어난 선비를 뽑을 것을 명하니, 칠현七賢이 응선應選했다. 그중에서 대암이 첫머리에 뽑혔다. 대암은 이해에 왕자 사부王子師傅로 제수除授되었으나 나아가지 않았다.

1591년 43세 때 사포司圃로 제수되었다. 왕명을 여러 번 받고도 한 번도 나아가지 않았기에, 대암은 의리상 미안하여 임금의 은혜에 감사하는[賜恩] 마음으로 나아가니 다시 공조 좌랑工曹佐郞에 임명되었다. 그러나 이듬해 봄에 병이 들어 사임하였고, 4월에 니산 현감尼山縣監으로 제수되었으나 나아가지 않았다.

1592년 임진왜란壬辰倭亂이 일어나자, 대암은 의병을 일으켜 의병 진영에 군량軍糧과 군수물자를 조달하는 임무를 스스로 맡았다. 대암의 「연보」와 「행장」을 보면, 대암이 학봉 김성일(1538–1593)의 막하幕下에 들어가 참모의 책무를 맡았다고 되어 있다. 그러나 『연려실기술』 및 『난중잡록』의 임진 6월 3일 자 기록과 『송암실기松菴實紀』의 창의사적倡義事蹟인 「임계일기壬癸日記」를 보면 이와 다름을 알 수 있다. 「임계일기」에 "송암은 의병 조직을 갖추면서 곽준·문위·윤경남·박정번·류중룡을 참모로 하여 서기를 맡게 하고, 박성朴惺으로 하여금 군량을 모으게 하여 4~5일간에 2000여의 의병군을 모병하였다."라고 기록되어 있다.

또한 「행장」에 "왜적이 갑자기 쳐들어오던 날 공은 비슬산琵瑟山에 있었는데, 반드시 창의倡義하여 거사하려 했으나 잠깐 사이에 사세事勢가 바뀌어 이미 어떻게 할 도리가 없었다. 공은 정인홍이 합천에서 의병을 모집했고, 송암 김면이 고령에서 분연히 일어났으며, 곽재우가 의령에서 떨쳐 일어났고, 곽준이 송암의 진영에서 종사한다는 말을 들었다. 공은 저들에게 가서 함께 일을 해야겠다고 생각하고는, 드디어 가족을 이끌고 강을 건너가 그곳

한훤당 김굉필 흉상

망우당 곽재우 흉상

으로 가서 군량을 조달하는 일을 자임하고 혈성血誠으로 곡식을 모집하니 군량을 공급함에 자못 여유 있었다."라고 기록되어 있다. 이것으로 보아, 대암은 학봉의 참모로 임란에 임한 것이 아니라, 내암(정인홍)·송암과 함께 창의倡義를 도모하였던 것이다.

이때 학봉鶴峯 김성일金誠一이 초유사招諭使로서 경상우도에 처음 도착하자마자 의병 진영으로 왔다. 그리고 대암의 손을 잡고 사직을 함께 도모하자고 하며, 대암에게 참모가 되어 주기를 청하였다. 대암은 이를 허락하고 죽음으로써 보답하기로 기약하며, 초유사 김성일의 막하 참모가 되어 거창居昌에 진을 치고 있었다. 이때 우현牛峴은 이미 왜적의 손에 들어갔고 서쪽은 풍전등화처럼 위태롭다는 급보가 들어왔다.

이에 대암은 학봉에게 "강의 오른편을 지키지 못하면 30여 성이 일제히 무너져 다시 회복할 수 없습니다. 그런 불행이 닥쳐오면 초유사는 어떻게 하겠습니까?"라고 물으니, 학봉은 "국록을 받는 사람은 오직 나라를 위해 싸울 뿐이지만 공은 지금 관직도 없으니 피하는 것이 좋겠다."라고 대답하였다. 대암은 웃으면서 "백의와 노중련은 어떠한 관직이 있어서 절개를 지켰습니까? 하물며 초유사와 함께 죽고 함께 살기를 약속하였거늘 어찌 차마 수풀 사이에서 살기를 구하겠습니까?"라고 하니, 학봉이 얼굴빛을 고치면서 "정말 옳은 말씀이오."라고 하였다. 백의와 노중련은 사심 없이 천하에 유세한 은자였다.

1592년 6월 29일에 대암은 의병 활동의 공로로 공조 정랑工曹正郎에 올랐다. 9월에 가도사가 되어 학봉과 같이 낙동강을 건너가니, 경상좌도 백성들이 모두 환호하며 대암과 학봉에게 어찌 이제사 오느냐고 하였다.

1593년 봄에 안음 현감安陰縣監에 제수되었다. 대암은 이를 사양하였으나 윤허받지 못했다. 마침내 안음현에 도착하여 간사한 호족豪族들을 엄히 규제하고 대소 백성들을 고루 어질게 구휼하니, 전쟁 중에도 고을의 질서가 유지되었다.

4월에 대암은 학봉이 진주에서 역병에 걸렸다는 소문을 듣고 달려가 그를 구호했다. 다른 막료들은 학봉을 모두 피했으나, 대암만은 손수 탕약을 드리면서 그를 보살폈다. 학봉은 임종에 이르러 대암의 손을 잡고 "공의 충忠과 신信은 옛 군자君子에도 부끄러움이 없다. 나를 이렇게 사랑할 줄 미처 몰랐다."라고 하였다. 학봉이 세상을 떠나자 대암은 빈소에서 예를 다하였다.

1594년 봄에 대암은 안음 현감을 사임하고 돌아왔다. 임진왜란이 일어난 지 4년 뒤인 1596년 봄에, 대암은 48세의 나이로 공조 정랑工曹正郎 위솔衛率에 제수되었으나 나아가지 않았다. 그는 집안의 권솔眷率을 이끌고 청송靑松 송생리松生里 시냇가에 초가를 지었다. 초가의 이름을 학안재學顔齋라 하고, 동관을 사물四物, 서관을 박약博約이라 하여 그 이름을 걸어 놓았다. 대암은 그 안에서 항상 『논어論語』를 대하며 학문에 정진하였다.

이를 두고 이원정은 "(대암은) 만년에 이르러서는 『논어』를 좋아했다. 대체로 성인의 훈계하는 말에 대해서는 은미한 말과 오묘한 뜻을 반드시 정밀하게 탐구하고 힘써 완색하였으며, 근본을 거슬러 올라가고 근원을 끝까지 궁구하였다. 그리하여 마음에서 질정하여 의심이 없었고, 자신에게 돌이켜 얻은 것이 있었으며, 남과 자신의 구분에는 엄격했고, 의義와 이利를 판별하는 데에 명백하였으며, '박문약례博文約禮'하였고, '직내방외直內方外'하였다."라고 평가했다. 학문의 완성과 그 실천에서 완연한 성숙기에 접어들었다는 것이다. 이 시기에 지어진 것으로 보이는 대암의 시는 과연 그러한 경지를 보여 주는 듯하다.

정밀한 의리를 깊이 생각하고 은미한 말을 천명하니　潛思精義闡微言
황연하여 마치 공자의 문하에 제자로 들어간 듯하네.　恍若摳衣入孔門
마음속의 티끌 사라지고 천 리를 얻으니　査滓消融天理得
비 갠 하늘에 구름은 사라지고 달은 흔적도 없네.　霽空雲盡月無痕

「독논어讀論語」란 제목의 이 시는 대암이 학안재學顔齋에서 『논어』에 침잠沈潛한 감상을 적은 시이다. 공자를 앙모하는 마음으로 정밀한 의리를 은미하게 드러낸 말들을 음미함에, 공문의 제자가 된 듯 그 말의 절실함이 가슴으로 전해 온다. 그 경지에 이르자 일순간 하늘의 이치를 깨닫는 듯하여, 마치 비 갠 맑은 하늘에 구름과 달의 흔적조차 없어진 절대적인 경지로 접어든다. 대암은 이렇듯 학안재에서 『논어』에 침잠하며 성인의 경지를 깊이 체험하게 된다.

대암이 청송으로 들어간 전후에, 조정에서는 대암에게 공조·형조 정랑, 영천·익산 군수, 군자감 부정, 청송 부사青松府使 등 20여 차례나 벼슬을 내렸다. 그러나 대암은 대부분 나아가지 않았다.

1597년 대암의 나이 49세에 정유재란丁酉再亂이 다시 일어나자, 대암은 의병을 일으키고자 월천月川 조목趙穆을 찾아가 월천에게 대장이 되어 주기를 청했다. 월천은 노쇠하여 이를 감당하지 못한다고 대암에게 미루었다. 이때 체찰사體察使 오리梧里 이원익李元翼이 남쪽으로 내려왔다. 오리는 대암을 방문하여, 왜적을 물리치는 데에 대암이 참모로 도와주기를 바랐다. 그리고 대암을 공손히 대우하며 부르기를 꼭 선생先生이라 칭하였다.

대암이 "전에 초유사 학봉을 보좌할 때 큰 도움을 주지 못했으니 차라리 숨어서 생명을 보전하기보다 주왕산성을 쌓고 수리하여 적을 막는 것이 어떻겠습니까?"라고 하였다. 그러자 이원익은 이를 의로운 일이라 여기고, 청송靑松·진보眞寶·영덕盈德 3개 고을의 군민에게 명을 내려 대암을 의병대장義兵大將으로 삼고 왜병을 무찌르게 하였다. 결국 이원익의 추대로 대암은 주왕산성 의병대장이 되었다. 이해 5월에 대암은 16조로 이루어진 「논시폐소論時弊疏」를 올렸다. 당시의 폐단[時弊]을 논한 이 상소는 대암의 시대 인식의 결정판으로, 당대 시무에 대한 대암의 시국관을 잘 드러낸다.

이 당시 국력은 강성하지 못했고 민심은 더욱 피폐해져 있었다. 이에 대암은 의분에 북받쳐 국정쇄신의 내용이 담긴 16조의 소疏를 임금에게 올렸다. 여기에서 대암은 임금이 정사에 임함에 사사로움에 빠지지 않도록 경계하고, 군비를 강화하여 왜란에 대비할 것을 청하였다. 아울러 피폐한 나라를 일으키도록 하는 일과 성현의 학문과 도리를 상소하였다.

1598년 50세에 대암은 잠시 강원도 양양에 우거하였다. 그때의 시는 당시 대암의 마음을 잘 드러내 준다.

그림 같은 누각 높다랗게 큰 바다에 임해 있어	畫閣高臨大海頭
고래 같은 파도 만리토록 하늘 닿아 떠 있구나.	鯨波萬里接天浮
평생 마음의 눈 작은 것이 싫더니	平生心眼嘗嫌小
이로부터 유연히 위아래로 유행하리.	從此悠然上下流

낙산사에서 바다를 바라보며 지은 작품이다. 강원도에 위치한 낙산사는 수려한 풍광을 지니고 있어 관동팔경으로 유명한

경승지였다. 그러나 대암은 이곳에서도 단순히 바다의 드넓음을 읊는 데서 그치지 않고 그 속에서 이치를 찾아내고자 했다.

조정에서는 대암에게 충훈부 경력·세자익위사 위솔·임천 군수·형조 정랑·통례원 상례·영천 군수·청송 부사의 직을 잇따라 제수하였지만 대암은 출사하지 않았다. 51세에는 청송으로 돌아와 송생리松生里에 은거하며 지냈다. 54세에는 다시 상소를 올려 최영경의 억울함을 신원하였다.

대암이 청송의 대둔산 아래에 우거한 것은 여전히 임진왜란의 참화가 그치지 않았기 때문이었다. 이곳에서의 생활이 그리 편안했을 리 없다. 대암은 병이 들어 몇 년을 앓았는데, 그 병이 대암에게 고질병이 되었다. 대암의 후배 임흘은 제문에서, 천 가지 시름과 만 가지 한이 병이 되어 대암에게 갈화증渴火症이 생겼다고 증언했다.

1603년 봄에 대암은 55세의 나이로 군자감 부정軍資監副正에 제수되었고, 그해 가을 청송 부사青松府使에 제수되었으나 나아가지 않았다. 대암은 한강寒岡과 더불어 서찰을 주고받으며 도동서원道東書院을 지을 터를 의논하여 정하기도 했다. 이때에도 공부를 멈추지 않았던 대암은 이렇게 청송에 우거하고 있던 때의 심경을 드러냈다.

인간 세상에 헛되이 더부살이하여	人間空剩住
쉰다섯 번째 나儺 소리 듣는다.	五十五儺聞

제자諸子의 책과 역사서는 넓은 바다처럼 아득하고　子史滄溟渺
경서는 머리 허옇게 되도록 어지럽히도다.　經書白首紛
진실한 마음은 해처럼 밝고　眞心明似日
한가한 생각은 구름처럼 움직이네.　閑念動如雲
늙어 쇠약하더라도 모름지기 정진하면　衰暮須精進
장래의 목표에 십분 도달할 것이네.　前程到十分

「제야유감除夜有感」이라는 이 시에서, 백발의 노인이 되어 버린 55세의 대암은 자신이 걸어온 길을 되짚어 보며 삶의 부질없음을 느낀다. 노년의 유랑 생활 속에서 맞은 제야除夜이기에 그에게는 더욱 애절했을 것이다. 하지만 늙고 쓸쓸하다 하여 제자諸子의 책과 경서를 탐독하는 것을 그만둘 수는 없는 일이었다. 만년의 기나긴 유랑 생활에 기력이 쇠하고 병까지 들어 제 몸 하나 가누기 힘든 늙은이에게 있어 어찌 삶이 허무하지 않을 것이며, 장차의 목표가 무슨 소용이 있겠는가? 그럼에도 불구하고 늙어서 쇠약하더라도 끝까지 정진하면 자신이 이루고자 하는 바를 성취할 수 있다고 하는 것을 보면, 과연 대암의 향학열向學熱이 그의 전 생애를 통해 변함없이 이어지고 있음을 알 수 있다.

1605년 대암은 57세에 족인 박사신의 셋째 아들 박민수를 사자嗣子로 삼았다. 이해에 선조宣祖가 명하기를 팔도에서 재주와 도학이 높은 선비를 뽑으라 하였다. 그래서 칠현七賢이 이에 응선應選하였는데 대암이 또 첫머리에 뽑혔다. 칠현은 곧 박성朴惺·이기설李基卨·장현광張顯光·서사원徐思遠·이신의李愼儀·강복성康復誠·

윤효원尹孝元으로, 이들은 함께 선발되었다.

1606년 대암은 58세에 사자嗣子의 관례를 올리고, 이해 8월에 선비先妣의 제삿날을 맞아 평소보다 더 통곡했다. 그로 인해 종기가 났고, 10월 초4일에 운명하였다. 갈화증이 모친상으로 인해 기화奇禍로 도져 종기가 된 것이다. 후배들은 이구동성으로 대암의 죽음을 애달파했다. 향년享年 58세였다.

> 아! 공의 학문과 행실이 이와 같은데도 임금과 백성들에게 펼쳐 보이지 못하였고, 또 어진 자라면 당연히 누리는 장수도 누리지 못하여, 마침내 뜻을 품은 채로 돌아가셨으니 영원토록 우리 사문斯文의 애통함이 되고 말았습니다.
>
> - 임흘의 제문

> 선생께서는 무리들 가운데에서 우뚝하니 뛰어나, 온 나라 안에서 태산 북두와 같이 우뚝한 존재였습니다. 위태로운 시기를 지나면서도 변하지 않고, 어지러운 세상을 겪으면서도 물들지 않았습니다. 그렇다면 하늘이 혹 우리 유도儒道를 장구하게 하고 이 세상에 복을 주는 데 뜻이 있었던 것으로 여겼습니다. 그런데 어찌 하늘이란 것은 끝내 알기가 어렵고 귀신이란 것은 끝내 물을 수가 없어서, 마침내 우리 임금과 우리 백성들로 하여금 희망을 매어 둘 곳이 없게 하고, 우리 사림과 유생들로 하여금 덕을 상고할 바가 없게 하고, 우리 조야의 신하들로 하여금 법칙을 취할 바가 없게 할 줄을 알았겠습니까? … 어느 누가 "어진 자는 반드시 장수를 누린다."라고 하였으며, 어느 누가 "어진 자는 반드시 그 지위를 얻는다."라고 하였으며, 어느 누가 "화락한 군자는 신명이 도와주고 지켜 준다."라고 하였으며, 어느 누가 "하늘의 도는 착한 이에게 복을 주고 악한 자에게 화를 내린다."라고 하였습니까? 이 어찌 시운時運의 성쇠에 관계가 되고, 국가의 휴척休戚

에 관계가 되는 것이 아니겠습니까? 그리고 하늘도 역시 대암 선생이 살고 죽는 데에는 어찌할 수 없는 것이 아니겠습니까? 아! 슬프고도 슬픕니다.

– 대암의 둘째 사위이자 제자 황중윤의 제문

대암은 11월에 현풍으로 운구되어 와서 이듬해 봄에 유명遺命에 따라 현풍 송림리의 선영 아래서 장사되었고, 1694년 송림의 송담서원에 제향되었다.

혼인 관계를 보면 대암의 가계가 상당한 명문임을 알 수 있다. 대암의 외가는 예안 오천리烏川里이며, 대암의 외숙인 김부필金富弼과 김부의金富儀는 모두 퇴계의 고제高弟이다. 또 대암과 사돈 관계에 있는 인물들을 살펴보면, 이응인李應仁은 회재 이언적의 아들이고, 황여일黃汝一과 이윤우李潤雨는 한강 정구의 문인이며, 곽재기郭再祺는 남명의 제자이자 손녀사위인 망우당 곽재우의 동생이다. 이러한 혼척 관계로 살펴보면 대암은 회재·퇴계·남명 등 당대의 학통들과 매우 긴밀하게 연관되어 있으며, 한강과 남명의 문인들과도 깊은 관계를 가지고 있었음을 알 수 있다.

대암은 아들 하나 딸 셋을 두었는데 아들은 불행히도 일찍 생을 마쳤다. 대암의 큰딸은 이응인의 아들 이의활李宜活에게, 대암의 둘째 딸은 황여일의 아들 황중윤黃中允에게, 대암의 막내딸은 김예립金禮立에게 시집갔다. 아들이 요절했으므로 대암은 생을 마치기 얼마 전 집안의 친족인 박사신朴士愼의 셋째 아들 박민수朴敏修를 후사로 삼았다. 박민수는 이윤우의 딸과 혼인하였다가 다시 곽재기의 딸과 혼인했다.

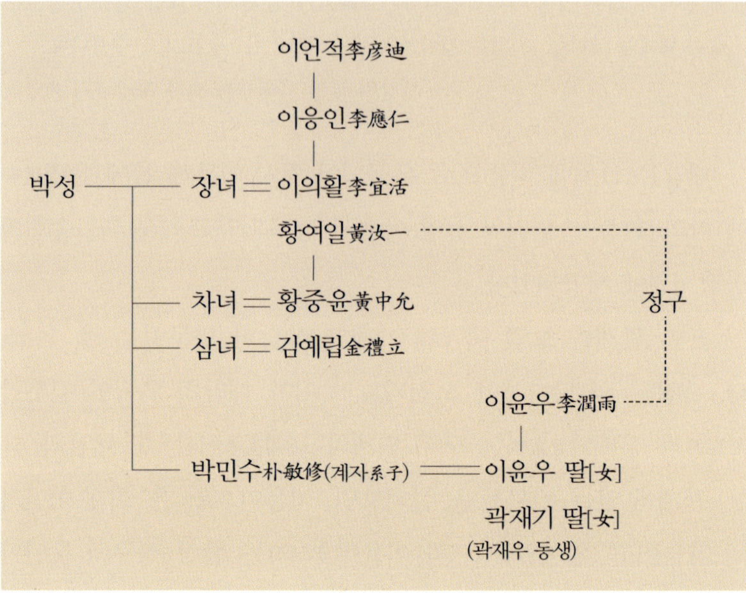

이상의 가계에 나타난 관계로 볼 때, 대암은 남명학파나 퇴계학파의 문인들과 상당한 관련성이 있었다. 이러한 관련성을 통해 양현兩賢의 사상이 그에게 상당한 영향을 미쳤으리라 추정해 볼 수 있다.

저서로는 『대암집大庵集』이 있다. 1693년에 청도 군수 조원기趙遠期가 대암의 문집 6권을 간행했는데, 이조 판서吏曹判書 이원정李元禎이 서문을 지었고, 참판 이담명李聃命이 서문을 썼다. 이원정이 지은 문집의 서문序文을 살펴보면,

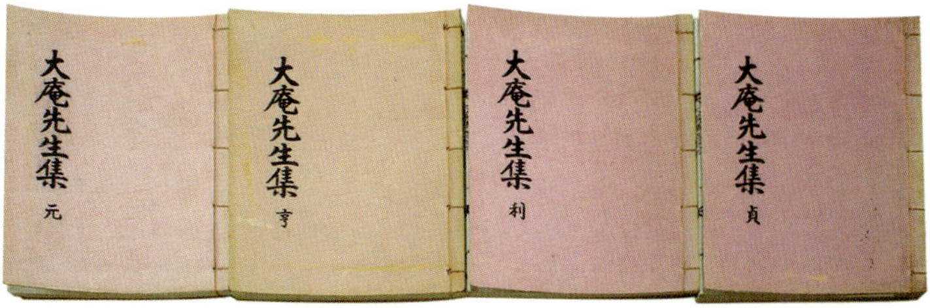

『대암집』

> 나의 조부 석담공石潭公은 선생과 진진秦晉처럼 사돈 관계가 되었다. 보잘것없는 나는 선생의 기풍을 듣고 선생의 의를 사모함이 머리를 늘어뜨린 어릴 때부터 백수에 이르도록 하루 같았다. 선생의 증손 세희가 선생의 유사遺事를 가지고 와서 보잘것없는 나에게 그 서문 써 줄 것을 요구하니, 이 어찌 문장에 재능이 부족한 사람이 능히 할 수 있겠는가? 그러나 돌아보건대, 평소 높은 산처럼 우러르는 의義에 끝내 사양하기 불가함이 있었기에 곧 감히 책머리에 써서 돌려보낸다.

라고 기록하고 있다.

이 글에서 밝히고 있듯이, 대암과 사돈 관계에 있었던 석담 이윤우(1569-1634)의 손자 이원정이 박세희의 요청으로 인해 『대암집』의 서문을 지었다. 이것으로 대암의 문집 간행은 증손 박세희에 의해 이루어졌음을 알 수 있다.

대암 박성이 죽고 나서, 대암과 큰 교분을 나누었던 여헌 장현광은 대암을 기리는 제문에서 대암의 삶을 이렇게 평했다. 참으로 대암의 삶과 전면적으로 교유했던 여헌의 평가라고 할 만하다.

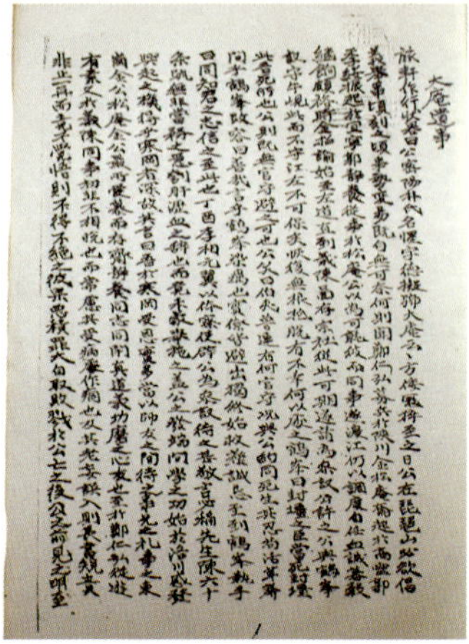

『대암유사』

단아하고 예스러운 그대의 모습 이젠 다시 접할 수 없게 되었고
돈후하고 진실했던 그대의 행실 이젠 다시 직접 볼 수 없게 됐으며
준엄하고 무서웠던 그대의 의론 이젠 다시 물어볼 수 없게 되었네.
내 마음을 알아주던 이 잃었으니 내 누구와 손을 잡고 가리오.
…
어느 누가 선을 아니 좋아하랴마는 공은 진정 마음으로 좋아했네.
누가 악을 미워하지 않으랴마는 공은 전혀 구차하지 않게 하였네.

문집의 서문을 작성했던 이원정은 대암의 학문의 여정과 그 여정의 길에 종유했던 인물을 이렇게 추억했다.

대개 선생께서는 뜻을 세워 배움에 나아가서는 낙천 배신(1520–1573) 공에게서 얻었고, 감발하여 흥기하는 성과는 한강 정구(1543–1620) 선생에게서 받았다. 동강 김우옹, 여헌 장현광, 송암 김면, 존재 곽준 등 여러 현인은 모두 도와 덕을 절차탁마한 벗들이다.

모두 남명과 퇴계의 학맥을 잇는 당대의 학자들이다. 회재 이언적의 손자이자 대암의 큰사위이기도 했던 이의활李宜活(1573-1627)은 장인이자 스승이었던 대암의 학문을 두고, 만사에서 "출처를 보면 저 옛날의 군자 같았고, 언론은 또 대장부의 모습이었네. 연원을 보면 회재와 퇴계의 학문을 이었고[淵源承晦退], 절의는 또 남명과 수우의 본을 받았네[節義取溟遇]."라고 하여, 대암이 그 학문의 계통에서는 회재 이언적과 퇴계 이황을 계승하면서도 행동의 준칙에서는 남명 조식과 수우당 최영경을 본받았다는 점을 적시했다. 매우 분명하고 명백한 판단이다.

대암의 삶을 규정하는 몇 가지 중요한 사건을 중심으로 대암의 삶의 경로를 추적한다.

1) 임진왜란의 여정에서

일상에서 '격치성정格致誠正'의 학문을 하는 데 마음을 두고 여러 책을 읽으며 탐구하던 그였지만, 국가적 위난의 앞에서는 실천적 행보를 보였다. 임진왜란이라는 커다란 사건을 겪으며 이에 항거하기 위해 의병 활동을 펼치기도 한 것이 그것이다. 그에게 있어 국가 앞에 펼쳐진 사건은 자신이 비판하고 해결을 위해 노력해야 하는 성격의 것이었다. 특히나 그는 갑자기 왜적이 침입한

데 대해 제대로 대응해야 할 것을 강조하였다.

> 공은 왜적이 갑자기 쳐들어오던 날에 비슬산에 있었는데 반드시 창의하여 거사하려 하였다. 그러나 잠깐 사이에 사세가 바뀌어 이미 스스로 어떻게 해 볼 도리가 없었다. 공은 정인홍이 합천에서 의병을 모집하고, 송암 김면이 고령에서 떨쳐 일어나고, 곽계수(곽재우)가 의령에서 의병을 일으키고, 곽양정(곽준)이 송암 김면의 진영에서 종사한다는 말을 들었다. 공은 이분들을 찾아가 함께 일을 해야겠다고 생각하고는 마침내 가솔을 이끌고 강을 건너가 군량을 조력하는 것을 하였다. 그러고는 온 정성을 다해 곡식을 모집하여 군량을 여유롭게 하였다. 이때 초유사 김성일이 처음 우도에 이르러 곧바로 의병 진영으로 와서 기뻐하는 한편 울면서 말하기를, "종묘사직을 보존함이 이로부터 기약할 수 있게 되었다."라고 하였다. 그러고는 마침내 공에게 참모가 되어 줄 것을 청하니, 공은 이를 흔쾌히 승낙하면서 죽음으로 보답할 것을 기약하였다.

위의 글은 장현광이 쓴 박성의 행장에 나오는 내용이다. 행장의 내용을 살펴보면 임진왜란이 일어났을 때 박성은 비슬산에 머물고 있었는데, 영남 각지에서 자신과 교유하던 이들이 창의하자 이에 힘을 합치기 위해 노력을 기울였음을 알 수 있다.

그러나 공통적인 사실은 국가존망의 역사적 사건 앞에서 그가 직접 행동하고자 했다는 사실이다. 『선조실록』에서도,

> 본도에 함락되어 패전한 뒤에 무너져 사방으로 흩어진 자들이 도망한 군사나 패전한 병졸만이 산속으로 들어간 것이 아니라, 대소 인원들이 모두 산속으로 들어가 새나 짐승처럼 숨어 있으니 아무리 되풀이해서 알아듣도

록 설득해도 응모하는 사람이 없었습니다. 그런데 근일에는 고령에 사는 전 좌랑 김면, 합천에 사는 전 장령 정인홍이 그의 동지인 현풍에 사는 전 군수 곽준, 전 좌랑 박성, 유학 권양 등과 더불어 향병을 모집하니 따르는 사람이 많습니다.

라는 기록이 나타나는 것으로 보아 그는 적극적으로 의병 활동에 가담하여 자신의 맡은 바 책무를 다하고자 했음을 알 수 있다.

칠 년 동안 왜적들이 설쳐대는데	七載蠻氛惡
못난 유자 이러한 때 삶을 사네.	迂儒際此辰
우는 모래 천 리 길게 흔적 남았고	鳴沙千里跡
놀란 물결 한 외로운 몸인 신세네.	驚浪一孤身
저녁 까치 높은 기둥 위에서 울고	暮雀喧危棟
추운 아이 길가 먼지 쓰고서 우네.	寒兒泣路塵
저 하늘은 응당 화를 뉘우칠 것이니	旻天應悔禍
낭묘 안에 어찌 인재 없기야 하랴.	廊廟豈無人

위의 글은 고성으로 가는 길에 두보의 운에 화운하여 쓴 시이다. 그가 강원도 고성에 잠시 머물렀던 때는 1598년(선조 31)으로 임진왜란이 끝나기 전이었다. 그래서 그는 첫 구에서처럼 칠 년 동안이나 왜적들이 온 국토를 유린하고 다녔던 데에 대한 울분을 토한다. 그러면서 자신을 '우유迂儒'라고 표현하며 다시 한번 비참한 심경을 토로한다. 이러한 절망과 외로움은 단지 자신에게서 그치지 않고 길가에서 먼지를 뒤집어쓴 채 울고 있는 아이에게서도 발견되는 것이다. 즉 대암은 고성으로 가는 길에서 만난 우

는 아이와 왜적에게 유린된 국토를 보고 비감을 드러내었다.

그러나 그의 비통한 심경은 작품의 말미에 이르러 희망을 내어 비추는 것으로 전환된다. 일종의 시상 전환이 일어난 것인데, 하늘이 분명 이러한 암울한 상황은 돌아봐 주리라는 것과 조정에 이러한 난국을 타개할 인재가 있을 것이라는 기대를 드러낸다.

그는 자신이 직접 의병 활동을 하며 군량을 조달하는 임무를 수행했을 뿐 아니라, 당시 국정을 맡고 있던 조정 인사들에게 정확한 현실 인식과 미래를 향한 대책을 요구하며 비판을 멈추지 않았다.

오늘 저녁 남쪽에서 온 소식 들으니	今夕聞南報
왜적 진에 까마귀 떼 모였다 하네.	有烏賊戍間
우리 군사 부산포에 주둔해 있고	我師屯釜浦
중국 장수 증산성에 들어갔다네.	天將入甑山
중외에 남자다운 남자가 없어	中外無男子
왜놈들이 산 채로 도망치게 하였네.	凶獰得保還
종당에는 이 수치를 씻어야 하니	終當雪讎恥
조정에선 맘 한가히 지내지 마소.	廊廟莫偸閑

제시한 작품은 그 내용에서 알 수 있듯이 왜적들이 밤중에 도망친 것을 듣고 쓴 작품이다. 작품의 1~4구에서는 자신이 들은 대로 왜적은 도망쳤고, 이에 대항할 군사들은 다른 곳에 있다는 실제 사실을 나열하고 있다. 그러나 5구부터는 왜적이 도망친 현

실에 대한 비판의 목소리를 높인다. 그것은 바로 중외에 남자다운 남자가 없다는 것이다. 조정 안팎으로 왜적에 대항할 이가 없었기 때문에, 결국 왜적이 목숨을 보전해 도망갈 수 있었다며 한탄하고 있다. 그러면서 왜적이 도망간 것에서 끝이 아니라는 사실을 일깨워 주고 있다. 즉 오늘의 이 수치를 씻어야 하므로, 조정에서는 이를 대비해야 함을 강력하게 주장하는 것이다.

그는 이처럼 위난의 상황 속에서 현실에 대해 늘 예리한 시각을 견지하였는데, 이러한 면모는 전쟁 중에 체찰사였던 이원익에게 보낸 편지에서도 잘 드러난다. 그는 중국 군사의 일부가 영남으로 내려온다는 소식을 접하고, "중국 장수는 이름이 무엇입니까? 그리고 군사의 수는 몇 명이나 됩니까? 이들이 영남의 고을에 머물러 있을 경우, 군량을 계속해서 댈 수 있습니까?"라고 물으며 구체적인 상황을 파악하고자 하였다.

그러면서 흉년이 든 상황에 묵은 곡식은 이미 다 떨어졌으니, 군량 조달에 대한 근심을 숨기지 않는 모습을 보인다. 아울러 "때에 맞게 책략을 세워" 왜적을 막으라고 당부하고 있다. 이는 현실을 있는 그대로 직시하고 상황에 맞게 대응하여야만 국가와 백성을 지킬 수 있다는 인식에서 기인한 것이다.

2) 구국을 위한 선비의 진언

대암이 1597년 5월에 올린 16조에 이르는 시폐소時弊疏는 대암의 당대 시국관을 보여 주는 가장 주요한 문장이다. 이 글에서 대암은 일본과의 전쟁에서 대의를 밝혀 화친의 의론을 끊어야 한다는 매우 강경한 입장을 드러냈다. 더 나아가 임금이 직접 출정하여 왜적을 섬멸해야 한다는 주장까지 제시했다. 이는 이미 오랜 시간 화친과 관련한 회담을 진행하고 있던 조정으로서는 받아들이기 어려운 주장이었을 것이다. 더구나 임금이 직접 나아가 일본을 섬멸해야 한다는 주장은 쉽게 수긍되기 어려운 점이 있었을 것이다. 장수를 선발하고 무예를 강구하여 호남과 호서 지역을 순행하되 충주나 전주에서 머물러야 한다는 대암의 주장은 가납되지 않았다. 하지만 원수를 반드시 무찔러 이겨야 한다는 대암의 충심만큼은 여기에서 분명히 확인할 수 있다.

세 번째 논의는 임금의 잘못을 더욱 강렬하게 추궁하는 것이다. 대암은 "전하께서는 여러 차례 직언을 구하는 말만 들었지 교지를 실제로 보지는 못했다."라고 직언하였다. 그는 궁위가 백성들의 이익을 엿보고, 형옥이 공정하지 못하여 중화의 기운이 상했으며, 왕자들이 산택의 이익을 독점하여 백성들이 생업을 잃었다는 선조 자신의 자책을 다시 인용하면서 왕실부터 통렬하게 반성해야 한다고 주장했다. 그리고 임금이 환궁한 지 오래되었지만, 아직까지 "성의와 정심, 수신과 제가의 공효가 지난날과 다르다는 소식을 들을 수 없었다."라고 지적함으로써 왕실이 대오각성해야 함을 매섭게 지적했다.

네 번째는 백성들의 고통을 경감해야 한다는 것이다. 중국 사신들의 행차에서 사람들과 가축이 그 일을 수행하느라 죽어 나간 사실을 적시하고 백성들의 상처를 돌보아야 한다고 지적했다. 이후 스승을 잘 뽑아 동궁을 보필해야 한다, 대신을 공경하여 국가를 회복시키는 일을 책임지워야 한다, 뛰어난 장수를 뽑아야 한다는 문제제기가 이어지는데 모두 적재적소에 인재를 잘 뽑아야 한다는 것이다. 다만 대암이 이원익과 권율을 추천한 것은 역사적 사실을 비추어 볼 때 어느 정도 타당성이 있지만, 이순신을 두고 원균을 굳이 추천한 것은 아무래도 당파의 여파가 아닌가 여겨진다.

언로를 열어 구언하거나 호오好惡를 바르게 하여, 진실된 사람과 사특한 사람을 구별하라는 것은 타당한 주장이다. 하지만 여기서도 당파의 의견을 반영한 내용이 없지 않다. 곧 대암이 성혼과 이이를 비판하고 최영경을 옹호한 것은 그 사실을 따져 보아야 할 사안으로, 대암이 일정한 당파성에 기반하여 사람을 평가하고 있다는 것은 분명해 보인다.

이후에는 어진 인재를 등용하여 기강을 세우는 것이나 염치를 숭상하고 탐오貪汚한 풍속을 개혁하는 것, 상벌을 바로잡는 것, 군법을 엄히 하는 것을 강조했다. 다만 아쉬운 것은 이순신에 대한 엄한 처벌을 강조한 것이다. 당파의 관점에서 완전히 자유롭지 못한 대암 자신의 시각을 드러낸 것이라 판단된다.

열다섯 번째는 원통한 옥사를 살피라는 것이고, 마지막 열여섯 번째는 낭비를 줄여 군수를 넉넉하게 해야 한다는 것이다. 대암은 제향의 일을 반드시 간략하게 줄여 검소하게 하고, 쓸데없는 관원을 줄여 오직 적임자를 골라야 한다고 주장하였다.

대암의 주장은 당대의 시폐에 대한 매우 통렬한 비판으로, 그 언론의 날카로움과 실효성 면에서 매우 일견할 만한 점이 있다. 하지만 인물에 대해 다소 편향성을 띠는 평가와 임금이 직접 수행하기 어려운 계책에 대한 강경한 주장은, 조정에서 이 의논을 쉽게 받아들이기 어렵게 하는 요소가 되었을 것이다. 이러한 점을 대암이 전혀 몰랐을 리 없음을 짐작하면서 그의 주장을 보면, 대암의 강직함과 자신의 정의에 대한 뚜렷한 신념을 자연스럽게 목도하게 된다. 사실 대암은 경상도 체찰사로 왔던 이원익이나 도원수로서 공로를 세운 권율에 대해서도 그 장점만큼이나 단점이 없지 않았음을 냉정하게 짚어 지적할 정도로 그 안목이 깊었다.

신이 삼가 보건대 체찰사 이원익은 충성스럽고 검소하며 온화하고 선량하여 참으로 어진 정승이라고 할 수 있습니다. 그러나 이미 웅대한 계략이 없고 또 군대를 절제하는 것에도 익숙하지 않아 모든 일에 있어 더러 소략한 점이 있습니다. …

도원수 권율은 난리가 일어난 처음에 홀로 분연히 일어나 군사를 거느리고 천리를 근왕勤王하여 끝내는 큰 승리를 거두었으니 참으로 충성스럽고 또 공이 있다고 하겠습니다. 그러나 그가 절제하는 것을 보면 엉성하기가 자못 심합니다. 지난해에 거제도로 진병進兵한 것이나 근래에 언양에 성책城柵을 설치하려고 한 것을 보면 그의 엉성함을 잘 알 수가 있습니다. 원수로서 엉성하다는 것은 신 혼자만이 아니라, 도내 모든 사람이 알면서도 감히 발언하지 못하고 있는 것입니다. 체찰사가 이미 장수의 자질을 가진 사람이 아닌 데다가 원수의 엉성함은 또 체찰사보다 더 심한 점이 있습니다.

당대의 장수에 대한 이런 구체적인 지적은 당시의 정황을 잘 알고 있기 때문으로 이해된다. 대암은 그를 교체하는 것이 아니라 용감하고 지혜로운 자를 뽑아 그들을 돕게 해야 한다고 주장했다. 대암의 당대인식과 진언은 이렇게 통렬한 것이었다. 그는 이원익에게 보내는 편지에서도 직언을 서슴지 않았다.

> 우리의 형세와 힘으로 왜적을 상대하고자 한다면 하늘을 돌리고 땅을 돌릴 만한 역량을 가진 사람이 아니면 당해 낼 수가 없습니다. … 고식적으로 구차히 하는 것을 편하게 여기지 말고 장구한 계책과 원대한 염려를 하기에 힘써야 할 것입니다. 또한 아랫사람에게 묻는 것을 부끄럽게 여기지 않고 여러 사람에게 널리 물으며 만전의 계책을 도모하고 사람들의 마음을 흡족하게 해야 할 것입니다.

전쟁을 수행함에 있어 대암은 장수의 진정성 있는 태도와 실질적인 조치를 기대했던 것이다. 대암이 전쟁에 임하고자 했던 전략은 상투적인 것이 아니라 진정 이렇게 진지한 것이었다.

2 대암의 학문과 문학적 풍광

1) 퇴계학과 남명학의 후예

연보에서는 대암이 19세라는 젊은 나이에 '위기지학'에 뜻을 두게 되었다고 서술하고 있다. 다만 당시의 상황으로 볼 때, 남명과 퇴계의 명망이 널리 알려져 있던 터라 이 양현이 많은 선비들의 추앙을 받는 분위기였다. 이들이 추구하였던 바가 '위기지학'임을 염두에 둔다면, 양현의 사상이 지리적으로나 시기적으로 대암에게 영향을 미쳤으리라 유추할 수 있다.

대암은 곽준(1551-1597)과 더불어 낙천 배신(1520-1573)에게 나아가 『대학』을 배웠다. 낙천이 21세의 대암을 보고서 비범하게 여겨 공경히 대하며, "한훤의 마을에 다시 인물이 있구나."라고 하였다. 또한 그해에 대암은 한강 정구와 종유하며 학문과 우정을 돈독히 하였다. 이는 한강이 지은 대암의 만사에서도 잘 드러나는데, 그 가운데 2편을 소개하면 다음과 같다.

그대와 어린 시절 한 고을에 성장하여	與君小少同鄉井
우리 서로 얼굴 안 지 오십 년이 지났네.	識面從來五十春
세월이 지날수록 사귀는 맛 깊어지고	漸入有如啖蔗境
같은 마음 단단하여 무쇠라도 자를 듯	同心正似斷金人
나의 무딘 자질 절차탁마 부끄럽고	切磋媿我姿資鈍
그대 맑은 도덕과 신의 곧고도 진실했지.	直諒多君德義醇
만나 본 지 오래인데 저승 작별이라니	隔闊還成泉壤別
천상 가는 머나먼 길 눈물로 보낸다오.	朝天長道淚沾巾

정겨운 벗 모두가 세상 떠나니	朋友皆零落
서로 친히 지내던 일 허무하여라.	相親事奈何
단정하던 공숙恭叔을 늘상 그리고	每思恭叔雅
온화하던 백유伯愉가 길이 생각나네.	長憶伯愉和
양정養靜의 높은 충성 유례 드물고	養靜忠難並
송암松菴의 곧은 의리 가장 거룩해	松菴義最多
동강東岡의 바른 기운 뉘와 같을꼬	東岡直誰似
계욱季郁의 굳은 지조 변치 않았지.	季郁貞不磨
우리 그대 너무도 맑고 강직해	而子敦清介
그로 인해 내 자질 갈고 닦았네.	伊余賴切磋
아 어이해 이제 또 떠나는고	胡爲今又逝
늘그막의 눈물이 하염없어라.	老淚獨懸河

한편 대암의 「행장」과 「묘비명」에 실려 있는 내암과 관련된 대목을 살펴보면 다음과 같다.

정인홍에 이르러서는 평소부터 종유하였고 또 의병의 진영에서 함께 일하여 애당초 서로 기뻐하지 않은 것은 아니었다. 그러나 항상 그의 병통이 고질이 될까 우려했다. 정인홍이 노망하여 잘못 들어감에 이르러서는 장문의 편지로 타이르고 꾸짖은 것이 한두 번이 아니었으나, 그는 끝내 잘못을 깨닫지 못하였으니 절교하지 않을 수 없었다. 그는 공이 예상했던 대로 과연 악이 쌓이고 죄가 커서, 공이 별세한 뒤에 스스로 죽음을 자초했으니, 공의 선견지명이 이에 이르러 징험되었다.

처음에 정인홍과 더불어 사이가 좋았다. 그러나 그가 대사헌으로서 일을 전단하여 활개를 치는 것을 보고서는 편지로 경계하기를 "군주를 보좌하여 군주의 그릇된 마음을 바로잡는 것을 마음으로 삼고, 신하의 장단점을 주워 모으는 것으로 직분을 삼지 말아야 한다."라고 했다. 정인홍이 『남명집』의 발문을 지으면서 퇴계 선생을 꾸짖고 배척하기에 이르자 선생이 말하기를 "세상에 어찌 선정先正을 모욕하면서도 군자가 되는 자가 있으리오. 그러나 내가 말하지 않을 수 없다."라고 하고 드디어 편지를 써서 변론하니, 정인홍이 답하기를 "각각 자기의 견해를 지키고 번잡하게 시비를 다툴 필요는 없다."라고 하자 선생이 드디어 절교했다.

퇴계에 대한 존중과 남명에 대한 다소 아쉬운 평가는 대암의 글 전편에서 쉽게 발견되는 것이다. 대암은 내암에게 보내는 편지에서, 퇴계는 정자와 주자를 법으로 삼아 학문을 이루었고, 조예가 정심할 뿐 아니라, 선사들의 아름다운 교훈을 모아 사람으로서의 도리의 요체를 보여 주었으며, 우리 동방 전현들을 표장하여 사람들로 하여금 귀의할 곳을 알게 하였다고 극찬하였다. 아울러 우리 삼한이 시작된 이래 이 도리를 다 모은 사람이 없었는데, 퇴계 선생은 위로 이락伊洛의 근원을 거슬러 올라가 그 정통 학맥을 얻었다고 해도 괜찮을 것이라고 평가했다.

이에 반해 남명 선생은 근엄함으로 정신을 잘 다스려 장엄하기가 우레와 같고, 경의직방敬義直方을 위주로 하여 공부하는 것이 간단하고 긴요하지만, 재기가 너무도 호매하여 일정한 길을 따라가지 않았으며, 일찍이 뜻을 낮추고 도를 구하지 않은 탓에 이치를 궁구하는 공부에 이르러서는 정밀하지 못했다고 지적했다. 이에 더하여 남을 가르치는 궁격의 말이 없고, 근거도 없이 일반적인 순서를 뛰어넘어 격식에서 벗어나니 오만한 폐단이 없지 않을 듯하다는 매우 치명적인 비판도 서슴지 않았다.

결론적으로 대암은 남명의 학문이 돈오頓悟에 가까운 것이 아닌가 판단하였다. 그러면서 퇴계의 학문은 분명하고 확실하기가 이와 같으니, 남명이 자연 양보하지 않을 수 없다고 하여 그 학문상의 우열을 분명하게 적시했다.

내암에게 배운 조응인曺應仁과 문경호文景虎에게 보내는 편지에서는 더욱 강경하였다. "내암장은 퇴도 선생에 대해 전혀 모르는 듯하다."라고 할 정도로 내암을 신랄하게 비판했고, "그 학문에 대해 논해 보자면 비록 벽립천인한 남명이라고 하더라도 퇴도 선생께는 양보하지 않을 수 없다."라는 입장을 밝혔다.

대암은 자신이 내암을 사랑하고 흠모하는 것이 다른 사람들 못지않다는 것을 밝히면서도, 『남명집』의 발문에서 퇴계에 대해 비판한 언론을 수정하지 않는다면 함께할 수 없는 길을 가는 것이라고 비판했다. 그런 점에서 대암의 남명과 퇴계학의 수수와 그 성격은 자명해진다.

2) 16세기 조선 학계의 변동상과 대암

대암은 만년으로 갈수록 더욱 학문에 침잠했다. 이도자李道孜에게 보내는 편지에서 그는 공손하고 따스한 것이 도리어 허물이 되어 세속의 흐름에 휩쓸리는 잘못이 있다는 점을 지적하고 이를 통렬하게 씻어내야 학문을 하였다고 할 수 있을 것이라는 충고를 하는데 이는 만년의 공부처가 어디에 있었는지를 드러내는 것이다. 대암은 만년으로 갈수록 성리학의 공부에 깊이 들어서고 있었다. 그는 말한다.

> 더군다나 나이가 60세가 다 되고 3년이나 병을 앓고 있는 나는 어떻겠는가? 스스로 점검해 보니, 병으로 책을 보지 못한 것은 차치하고라도, 평상시 사려함에 있어 더러 의義와 이利에 대해 제대로 판별하지 못하는 탓에 가슴속이 상쾌하지 못할 때가 있네. 이것은 함양 공부를 충분하게 하지 못한 잘못이니 몹시 부끄럽네. 그대는 이러한 병통이 없는가?

대암은 "세월은 빨리 흘러가고 공부는 진보하기가 어려우니 더욱 선정先正들의 격언이 멋이 있음을 깨닫게 되네."라고 되뇌고 있다. 대암보다 18살 아래였으며 여헌의 문하에서 독실하게 공부했던 정사진鄭四震에게 보낸 편지에서는 만년에 더욱 학문에 다가가고자 하면서도 쉽지 않은 자신의 형편을 솔직하게 토로하고 있다.

> 보내온 편지를 거듭 읽어보니, 자못 학문 하기를 미치지 못하는 듯이 한다는 뜻이 있는바, 병들어 혼모해진 나를 경계시키는 바가 아주 크네. 세월은 쉽사리 흘러가는데 공부는 진보되기가 어려운 법이며, 기질은 변화되기가 어려운 법이네. 우리는 모두 그럭저럭 범범히 세월이나 보내고 있어, 독실한 맘으로 하군공부에 정진하는 사람을 볼 수가 없으니 탄식을 금하지 못하겠네. 더군다나 나와 같은 자는 다 늙어 쇠약해진 뒤에야 비로소 학문에 대한 뜻과 지취가 있었는데, 고질병이 빌미가 되고 말았네. 하늘이 장차 어리석은 나를 여기에서 그치게 하려는 것인가? 부끄럽고 두려운 마음을 금치 못하겠네.

'하늘이 장차 어리석은 나를 여기에서 그치게 하려는 것인가?' 라고 되뇌는 장면에서 시대에 대한 유자의 책무의식을 읽을 수 있다. 이는 바로 공자가 그러했듯 세상이 사도斯道를 버리려고 하지 않는다면 결코 자신을 죽게 내버려 두지는 않을 것이라는 자임의식과도 상통하는 것이다. 대암은 결코 자신에게 주어진 사명을 그만하려고 하지 않았던 것이다.

대암보다 4살 연장인 조호익曺好益에게 보낸 편지에서 대암은 '침잠진밀沈潛縝密'의 경구를 얻었는데 "이를 삼가 가슴속 깊이 새겨 힘을 쏟는 바탕으로 삼겠다."라는 다짐을 둔다. 장질의 『주자어류』를 빌려 읽으려 하면서 그에 사례하는 편지에서는 공부에 더욱 나아가고자 하는 의지를 피력했다.

> 『주자어류』를 빌려주겠다고 허락하신 데 대해서는 더욱더 도타운 뜻에 감사드리는 바 사례할 바를 모르겠습니다. 저의 병이 시원스럽게 낫게 된다면 이 책에 푹 빠져들어 노둔한 발걸음을 채찍질해, 조금이나마 진보가 있기를 기대합니다. 빌려주겠다고 하신 책은 실로 범범하게 대충 보아도 되는 책이 아닙니다. 노형께서 빌려주신 데 힘입어서 늘그막에나마 지극한 소원을 이룰 수가 있게 된다면 저에게 광명을 베풀어 준 은혜를 장차 무엇으로 보답할 수 있겠습니까?

대암은 조호익에게 자신의 남은 일생을 두고 "선인들이 남겨 놓은 유서由緖를 찾고 의리의 정미함을 궁구하여, 만분의 일이나마 공을 거두기를 도모하지 않을 수 있겠습니까?"라고 물으며 "모르겠습니다만 이 소원을 이룰 수 있겠습니까, 이룰 수 있겠습니까?"라고 거듭 물었다. 만년에 이른 대암에게 학문에 대한 열렬한 마음은 이토록 진지하고 엄숙한 것이었지만, 건강에 대한 우려는 근거 없는 것이 아니었다.

이렇게 대암이 자신의 건강을 돌아보았던 것은 자신의 질병이 간단하게 치료될 것이 아님을 알았기 때문이다. 대암은 자신의 병의 원인과 그 병증을 정확하게 짚고 있었다. 그는 지산에게 후사를 염려하면서 자신의 병에 대한 처지도 솔직하게 고백한 바 있다.

저는 어린 나이에 초상을 당하여 몸이 손상됨이 가볍지 않았던 탓에 쌓인 열이 심장과 위 사이에 숨어 있다가 쇠약함을 틈타서 거듭 나타나 진퇴가 무상합니다. 심지어는 입술과 혀가 검게 타 냉수를 자주 들이켜고 있습니다. 그런데도 병세를 물어볼 만한 의원이 없는 탓에 가만히 앉은 채로 목숨이 다하기를 기다리고 있는 꼴이 마치 빈집에 불이 났는데 도와줄 사람이 없는 것과 같습니다. 이 모든 게 운명이니 어쩌겠습니까?

이러한 처지였는데도 대암은 학문에 더욱 열중하고 있었던 것이다. 그런데 이와는 별도로 조선 학계의 상황은 동서로 분열되어 더욱 식자들의 우려를 낳고 있었다. 대암 역시 지산에게 "우리 유도가 불행하여 유림들 역시 의견이 서로 갈려 있으니 이것이 무슨 기상이냐?"라고 물으며 "사람을 몹시 걱정스럽게 한다."라고 염려했다.

그런 가운데서도 당시 조선 학계에서 진행되고 있던 중요한 학술 연구에 참여하고 교류하고자 했던 대암의 의지는 결코 작은 것이 아니었다. 특히 임진왜란이라는 초유의 병화 속에서도 선현들의 문헌을 보존하고자 하는 대암의 마음은 매우 주밀하게 사태를 주선하고자 하는 구체적인 행동으로 드러났다. 그는 경상도 체찰사로 내려온 오리 이원익에게 남쪽의 서원들이 모두 병화에 휩쓸렸지만 오직 옥산서원만이 보존되었다고 하면서, 이는 하늘이 보호하고 귀신이 지켜 준 것이라며 다행스러워했다. 아울러 옥산서원의 책들을 온전하게 보존할 수 있는 방책을 매우 소상하게 진언했다.

옥산서원에 있는 서책을 반드시 잘 보존하고자 한다면, 깊숙한 곳으로 옮겨 두지 않아서는 안 됩니다. 돌아보건대 주방산(주왕산의 별칭)이 옥산에 비해서는 조금 깊은 듯하기에 저는 이 산으로 옮겨 보관하고자 하여 경주의 사우士友들에게 두루 알렸는데, 혹자는 "옥산서원의 서책은 체찰사가 이미 모두 장부에 기록하였으므로 마음대로 옮겨서는 안 된다."라고 합니다. 모르겠습니다만, 합하께서 처음에 장부에다 기록한 뜻은 과연 어떻게 하고자 해서였습니까? 삼가 생각건대, 지난해 왜적들이 쳐들어왔을 적에 명산의 청정한 지역에 있는 사찰들은 으레 불태우지 않았습니다. 혹시라도 승낙을 받아 허다한 이 책들을 보호하게 된다면 늙은 유자가 다시 보는 것은 비록 기필할 수 없지만 훗사람들이 장차 이 책에 힘입어서 학문을 넓히게 될 것입니다. … 삼가 이에 대해서도 아울러 경주 부윤 및 옥산서원의 원장과 유사에게 공문을 보내어, 그들로 하여금 되도록 속히 실어다 보관하게 하는 것이 어떻겠습니까? 서책을 실어 가는 일은 그 서원의 종들이 있으며, 수호하는 것은 회재의 손자인 이의활이 청송에 살고 있으니, 그에게 맡기면 잘 보관할 것입니다. 대감의 생각이 온통 군대의 일에 쏠려 있으면서도 우리 유도儒道를 중히 여기는 마음을 잊지 않고 있다는 것을 이미 알고 있기에 감히 이렇게 말씀드리는 것입니다.

대암이 전쟁의 격랑 중에서 굳이 옥산서원에 남아 있던 서책을 좀 더 안전한 곳으로 옮기려 했던 것은 자신이 그 책을 꼭 볼 것이라는 기대보다는 "훗사람들이 장차 이 책에 힘입어서 학문을 넓히게 될 것"이라는 공정公正한 여망에서 비롯된 것이다. 당대의 중요한 문헌에 대한 관심과 수호하려는 의지는 이토록 진중하면서도 그 방책은 주밀한 것이었다.

임란의 이후에는 더욱 당대 학술에 대한 일들에 관심을 두었다. 그는 한강에게 보내는 편지에서 한강이 진행하던 책의 편집과 한훤당의 서원 공사 상황, 낙고정사의 낙성식에 대한 일들을 마치 자신의 일처럼 챙기고 있었다.

노형께서 몇 가지 책을 편집하셨다고 얼핏 들었는데, 무슨 수로 병든 이 몸이 노형의 문하로 나아가 평소에 보지 못하던 책들을 볼 수 있겠습니까? 혹시라도 일찍 간행한다면 제가 죽기 전에 한 번 볼 수 있을 것이니, 그 얼마나 다행이겠습니까?

한훤寒暄 선생의 서원은 공사가 얼마나 진척이 되었습니까? 저는 시골에 사는 까마득한 후학으로서 멀리 떨어진 지역에 살고 있는 탓에 집사執事로부터 공역을 도와 달라는 부탁을 받을 길이 없어 한갓 부끄러운 마음만 깊습니다.

삼가 낙고정사洛皐精舍가 이미 완공되었다고 들었는데 우리 고을에서 만약 몽매한 학도들이 고명께 계도받는다면, 그 얼마나 감격스럽고 다행스럽겠습니까. 듣건대 존형께서 선묘先墓의 갈석碣石을 세운다고 하는데 산속에 살아 가난한 탓에 도움을 드릴 길이 없습니다. 이에 약소하게나마 쌀섬을 보내 드리니, 도리어 부끄럽고 탄식만 더합니다.

한강은 박학한 학자로 많은 서적을 편집했는데 대암은 그런 한강의 편집 상황을 예의 주시하면서 그 학문적 성취를 함께 공유하려 했다. 아울러 한훤당을 기리는 서원과 낙고정사의 완공에 모두 관심을 가지면서, 동시에 한강의 선묘 갈석에 대한 비용도 어느 정도의 정성을 보여 줄 정도로 살뜰하게 챙기고 있었다.

당대의 학술적 상황에 대한 대암의 관심은 한강과의 교유에서 그치지 않았다. 월천 조목과 대암의 인연도 상당히 깊이 진행되고 있었기 때문이다. 대암은 월천의 정사 건립 및 『퇴계집』의 간행과 관련한 준비에 깊은 관심을 가지고 있었다.

부용봉芙蓉峯 위에 짓는 정사精舍가 이미 다 지어졌다고 얼핏 들었는데, 병으로 깊은 산속에 누워 있는 탓에 직접 모시고 그 사이에서 바람을 쐬며 읊조릴 길이 없습니다. 존장 계시는 쪽을 우러러 바라보매 사모하는 마음을 금치 못하겠습니다.

퇴계 선생의 문집은 어느 정도나 진척되었는지요? 이 문집은 우리 사문에 관계된 바가 아주 중한데, 지금에야 비로소 간행을 시작하였습니다. 아! 역시 이미 늦은 것입니다. 더구나 세도世道가 이 지경에 이르러서 혹시라도 쉽사리 공역을 마치지 못하면, 어찌 한때만의 흠사이겠습니까? 실로 만고의 큰 한이 될 것입니다.

월천의 월천서당 건립과 『퇴계집』 간행은 당대 학술사에서 매우 중요했다. 그런데 대암은 이렇게 중요한 당대 학술사의 여정을 함께 고민하고 노력하는 가운데서도 이미 당색으로 구분되어 서로의 의견을 깊이 있게 경청하지 않는 상황을 깊이 우려하고 있었다.

걱정스러운 것은 사우士友들 가운데 한마디라도 서로 합치되지 않으면 속마음을 다 터놓고 충고하여 시비是非가 하나로 귀결되게 하지 않고, 우리 편과 상대편으로 나뉘어서 자신과 생각이 다른 사람에 대해 비방하는 것입니다. 아! 옛날의 붕우들 사이에서 어찌 이러한 일이 있었겠습니까? 저는 이 폐해가 가볍지 않다는 것을 알면서도 사람이 못나고 힘이 약해 널리 구제할 수가 없습니다. 그러니 어쩌면 좋겠습니까.

더 이상 사우들과의 교유가 학문적인 목적으로 자연스럽게 이루어지지 못하고 정치적인 이해관계로 인해 분열되는 정황을 바라보는 대암의 마음은 결코 편할 리 없었을 것이다.

생의 만년에 이르러서도 여전히 조선 학계의 중요한 학술적 여정에 동참하면서 그 속에 속한 사우들의 관계를 염려했던 대암은 한 사람의 일신의 영화와 안락, 또 성취가 아니라 중생을 구제할 수 있는 넓은 마음으로서의 학문과 그러한 학계의 분위기를 여망했던 것이 아닐까 여겨진다. 대암의 만년의 정취를 드러내는 시작품 하나를 소개한다.

늘그막에 마음 다해 공자 안자 배우면서	晩暮專心學孔顔
명리 따윈 조금치도 관심 두지 아니하네.	一毫名利不相關
부질없이 요순시대 군민 만들 뜻 품었다	空將堯舜君民志
온 천지에 풍우 쳐서 푸른 산에 누웠노라.	風雨乾坤卧碧山

명리가 아닌 요순시대의 군민들을 만들려고 한 거대한 경세의 포부가 임란의 과정에서 제대로 발휘하지 못한 아쉬움을 대암은 삭이고 또 삭이고 있었다.

3) 대암의 학문관과 그 경지

대암 사후 70여 년이 지나 그의 학문적 업적에 대해 어느 정도 평가가 내려진 시대에, 이원정은 대암의 삶과 그 의미심장함을 회상하며 대암의 일생을 구도求道의 여정으로 이해하고자 했다. 이원정은 선조 연간 유학을 숭상하면서 장려하여 도덕과 행의行義가 뛰어난 선비가 앞뒤로 줄을 지어 나왔는데, 당시 대암 선생이 영남 지방에서 떨쳐 일어나 일찍부터 구도求道하려는 뜻을 품었다고 지적한 바 있다. 아울러 그 성취도 이렇게 밝혔다.

> 선비들의 추향이 사특한 길로 잘못 들지 않고, 회재 이언적 선생과 퇴계 이황 선생이 우리나라 도학의 종장이라는 것을 알고, 사람들의 마음이 사특한 데 빠져드는 것을 면하여 대의는 밝히지 않아서는 안 되고, 왜적은 토벌하지 않아서는 안 되며, 호오는 분별하지 않아서는 안 되며, 강상은 부식하지 않아서는 안 된다는 것을 알게 된 것은 필시 선생의 말에서 힘입은 것이 없지 않을 것이다.

대암의 학문적 취향과 그 성취는 간과할 수 없는 진중함이 있었다. 그런데 그 학문적 방향에 대한 결심은 아주 진작부터 확립되어 있는 것이었다.

1567년 대암은 19세의 나이에 학문의 참된 길이 '위기지학爲己之學'임을 깨닫고 벼슬하여 세상에 드러나는 것을 좋아하지 않았다. 그러나 어머니의 권유로 과거시험에 나아가 사마시司馬試에 합격하였다. 이때에 동방同榜의 모임을 가졌는데, 모임에서 좌석의 배치를 입격入格 순서에 따라 정했다. 당시에 대암보다 나이가 많은 사람들이 백발임에도 말석에 앉자, 대암은 "자리의 차례는 나이대로 하는 것이 마땅하니 어찌 방榜의 차례로 하겠는가?"라고 하여 장유長幼의 예를 다하였다.

19세에 생원에 수석으로 입격한 대암은 어머니의 권유로 과거에 응시하였지만, 본디 '위기지학'에 마음을 두었던 터라 어머니의 상기喪期를 마침에 미쳐 더 이상 과거에 응시하지 않았다. 그의 이러한 생각은 만년에 이르러서도 여전하였는데, 그의 사위였던 이의활李宜活에게 주었던 시와 이준李埈의 시에 차운하여 두 사위를 경계한 시에서도 잘 나타난다.

그대의 자질이 간이하고도 순진하여 君資易直且純眞
십 년을 함께 살았으나 가난을 싫어하지 않았네. 十載同居不厭貧
과거 공부가 아름다운 자질 무너뜨림이 한스러울 뿐 只恨時文壞美質
모름지기 빈賓과 주主를 나누어 명륜을 배워야 하리. 須分賓主學明倫

진리를 즐기면 새벽을 보게 되고 湛眞看昧爽
게으름을 취하면 황혼을 경험하네. 偸懶驗黃昏
의취는 일찍 정해야 함을 알겠으니 意趣知須早
사장으론 머리가 희도록 바쁘기만 하리. 詞章白首紛

위의 두 시는 공통적으로 학문적 지향점을 입신양명의 길인 '사장詞章'에 두지 말고, 수기修己와 수양修養의 마음공부에 치중하는 '위기지학爲己之學'에 둘 것을 사위들에게 면려하는 글이다. 대암은 자신이 깨달았던 참된 학문의 길을 꾸준히 지향하면서 아직 환로宦路에 접어들지 않은 사위들에게 참된 길을 제시하고 있다. 이러한 대암의 학문적 지향은 앞에서 언급한 것처럼 남명과 퇴계에게서 비롯되었으리라 추정된다.

대암은 20여 세에 『소학』 및 사서四書, 『시경』·『서경』·『예기』 등의 책을 암송하고 체인하여 징험하지 않음이 없었다. 아울러 염락관민濂洛關閩의 여러 책을 모두 완색玩索하여 공맹정주지학孔孟程朱之學에 두루 전념하였다. 이런 공부를 통해 그가 특히 지행합일知行合一에 심혈을 기울였음을 다음의 글에서 알 수 있다.

> 내가 또 무엇을 의심하리. 자나 깨나 함께 말함에 정자·주자를 잊지 않았네. 학문을 하는 것은 지知와 행行 두 가지에 지나지 않으니, 마치 새의 두 날개, 수레의 두 바퀴와 같다고 했지. 어찌 공 스스로 힘쓰는 점이 항상 여기에 있을 뿐이었겠는가. 누구를 대하든 언제나 이 말씀으로 가르쳐 주셨네.

한강은 대암의 제문에서, 대암이 평소 가지고 있었던 학문 실천의 의지를 잘 말해 주고 있다. 학문을 '지知'와 '행行' 두 가지로 설정하여 새의 두 날개와 수레의 두 바퀴에 비유하고 있다. 새가 한 날개를 잃어 일어날 수 없으면 더 이상 새로서의 존재 가치가 없어지고, 수레가 한 바퀴를 잃어버리면 물건을 실어 나를 수 없으므로 수레의 역할을 할 수 없게 된다. 학문도 이와 같다면, 단순히 '지知'에서 그치는 학문이란 그 역할을 제대로 수행할 수 없어 존재 가치를 잃고 만다. 또한 대암이 이러한 신념들을 자신에게 적용하는 데에 그치지 않았을 뿐만 아니라, 그가 대하는 모든 사람에게 역설하였다고 말하고 있다. 이는 스스로가 올바른 수행을 하지 않고서는 남에게 절대로 말할 수 없는 것이다.

이원정도 「대암문집서」에서 "선생의 학문 사변의 부지런함은 노년에 더욱 힘썼고, 참으로 알고 참으로 행한 노력은 오래될수록 더욱 돈독했다. 선을 들으면 처음부터 몸소 행함에 과단치 않음이 없었고, 허물을 알면 처음부터 혹 악을 고쳐 선으로 옮기기에 인색하지 않았다."라고 서술했다. 이러한 점으로 미루어 볼 때, 과연 학문에 대한 대암의 실천 의지가 두터웠음을 알 수 있다.

다음 글은 김세렴(1593–1646)이 쓴 대암의 묘비명이다.

> 선생의 덕업德業과 공열功烈은 한둘로 열거할 수 없지만 그 큰 것은 학문 지행志行만 한 것이 없다. 대저 문목공文穆公(한강)의 도덕·학문으로서도 선생은 문목공이 두려워한 바였으니, 그 학문이 이미 지극하지 아니한가? 성인의 글을 읽고 본받는 것은 반드시 정자·주자였으며, 구원丘園에 은거하여 더욱 소리素履를 견고히 했으니, 그 지행志行이 이미 지극하지 아니한가?

이 글은 대암의 학문과 지행志行이 어떠하였는가를 잘 말해주고 있다. 한강 정구의 학덕으로도 대암의 도덕·학문을 두려워하였다고 말하고 있다. 물론 고인에 대한 존봉의 뜻이 담겨 있기는 하지만, 대암의 학문이 결코 얕지 않았음을 알 수 있다.

한강은 평소 대암과 깊이 교유하여 신망이 두터웠다. 그가 대암에게 보낸 편지글에 나오는 "함양을 더 깊이 하고 이치를 궁리하는 공부를 더욱 정밀하게 하라는 가르침은 깊이 마음에 새겨 감히 잊지 않겠습니다. 간절히 바라건대 우리 도를 위해 한층 더 노력하고 건강을 돌보십시오."라는 구절과, "아마도 우리 존형께서는 적막한 물가에 머물러 있으면서 병을 조리하는 여가에 날마다 글을 대하고 도를 음미하는 즐거움을 누리고 있을 것이니, 그 깊은 조예를 내가 감히 측량할 수 없을 것입니다. 어찌하면 내 몸이 그곳에 함께 어울려 학문을 강마하는 도움을 받을 수 있겠습니까. 흠모하는 마음 그지없습니다."라는 구절로 보아, 대암의 학문이 한강에 뒤지지 않았으며, 한강과 대암이 서로 보인輔仁하는 관계였음을 알 수 있다. 여기서 대암은 '지知'에서만 그치는 것이 아니라, 선현을 본받고 본분을 좇아 검소한 생활을 함으로써 '지知'와 '행行'의 합일이라는 실천적 의지를 잘 드러내고 있다.

아울러 대암의 학문관이 현실을 비판하여 구국 의지를 표출하는 데까지 닿아 있음을 알 수 있다. 이는 그가 일찍이 관직에 뜻을 두지 않았고, 나라에서 학행과 지조가 있는 자로 불러도 나아가지 않았지만, 나라가 위급한 상황에 처했을 때 뜻 맞는 이와 더불어 먼저 창의하여 국난을 회복하려는 의지를 보인 것이나 정치 현실에 대해 비판 의식을 날카롭게 내세운 것 등의 행보와도 밀접한 관련을 지닌다. 이러한 고민이 드러나는 작품을 한 편 보자.

맑은 새벽 손을 씻고 『주서朱書』를 읽으니	清晨盥手讀朱書
어려운 때 처해서는 진퇴를 잘해야만 하네.	處患要須自卷舒
등뼈 세워 꼿꼿하게 해야 꺾이지 않으니	硬着脊梁方不挫
마치 직접 가르치는 말을 들은 듯하네.	怳然親聽誨諄餘

제시한 작품은 주자서를 읽고 쓴 것이다. 이를 통해 그의 학문적 사유와 실천적 행동의 근원을 알 수 있다. 그는 단순히 주자서를 탐독하고 학문하는 것에서 그치지 않고, 어떻게 행동해야 하는가를 고민했다. 단순히 형이상학적 관점에서 독서를 하고 그치는 것이 아니라, 경서의 내용을 행동의 실질적 판단 준거로 삼아 실천적 행동을 하고자 하였음을 알 수 있다.

대암은 이러한 생각을 가지고 있었기에 김시습을 떠올리면서 "비록 그러하나 법 행함엔 천명을 따라야 하니, 무슨 일로 몸 늙도록 미혹된 채 지내었나."라고 하여, 김시습이 일생 동안 떠돌아다닌 것에 대해 비판한 바 있다. 이는 천명을 따라 현실을 판단하고 그에 맞게 진퇴를 해야 함을 강조한 것이다.

4) 담박하고 참된 경지의 문학

대암의 문장에 대한 한 측면을 잘 보여 주는 작품으로는 「선부군묘지명」이 있다. 전아하고 간결한 서술이 특징적이다. 선부군의 일생에 대한 꾸밈없는 근실한 묘사와 확고한 서술이 돋보인다. 대암 문학의 전형적인 작품 중 하나로 이해된다. 대암은 이 작품에서 파조가 되는 밀직부원군 박중미를 시작으로 가계를 간결하게 묘사한 다음, 선부군의 성품과 행적을 가감 없는 진술함으로 서술했다.

공은 성품이 관후하고 질박하였으며, 문예가 일찍 성취되었다. 나이 16세 때 한성시 별시에 합격하니 감찰공께서 애지중지하였다. 불행히도 일찍 아버지를 여의고서 아버지를 대신해 집안을 다스렸는데 여동생들을 잘 돌보아 길러서 모두 제때에 시집보냈다. 여러 서족庶族을 대함에 있어서도 은혜와 사랑으로 하였다. 종족들에 대해서는 온화하였고 존장들을 잘 섬기어 그들의 환심을 얻었다. 향당의 붕우들에 대해서는 가난한 사람들을 두루 돌보아 주었다. 기유년(1549)의 생원시에 입격하였다. 이로부터 더욱더 과거 공부에 힘쓰면서 여러 차례 응시하였으나 급제하진 못하였다.

병진년(1556)에 어머니 상을 당하여 죽만 먹다가 수척해졌다. 장사에 임하여 묘역이 마을과 너무 가까웠으므로, 큰 돌로 양쪽 계단을 만들어 뒷날에 잠식해 들어오는 걱정을 미리 방비하였는데 눈서리를 무릅쓰고 몸소 일을 감독하느라 병이 들었다. 그리하여 장사를 마치기도 전에 위독해져 정사년(1557) 정월 3일에 졸하니 향년은 34세였다. 이해 겨울에 현풍현 서쪽 송림리에 있는 을좌 신향의 산등성이에 장사지냈다.

일생의 삶에 대한 간결한 묘사와 더불어 생을 마치게 된 경위를 그대로 서술하고 있다. 행실이 어떠함이 서술되어 있고 얼마간의 성과에 대한 평가도 없지 않지만, 그 상찬에 집중하기보다는 사실관계를 담담하게 서술하는 것이 주목할 만하다.

또한 매화에 대한 대암의 작품들은 매화의 이미지에서 그치는 것이 아니라, 매화와 연관되어 이해될 수 있는 학문의 한 측면을 보여 준다. 그는 「시든 매화[病梅]」에서 "매화나무 한 그루를 먼 곳에서 캐 와 심자 모두들 다 꽃 피는 건 가망 절대 없다 하네. 나는 단지 부지런히 북돋아 줄 줄만 알 뿐 그 나머지 피고 시듦 조물주나 알 것이리."라고 하여, 옮겨 심은 매화의 이후 생장에 대해서는 담담히 기대할 뿐이라는 시선을 보여 주었다.

「화분에 심은 국화[盆菊]」에서는 "평생토록 원량(도잠)처럼 너를 아주 좋아해서 너의 꽃잎 시들어도 차마 따서 못 먹겠네. 지조 곧아 화분 속의 흙이 되레 편하거니와, 산속 비나 북녘 바람 차갑거나 말거나네."라고 하여, 자신의 분수와 처지를 담담하게 받아들이려는 견결한 의지를 보여 주었다.

「옛집의 국화를 생각하다[憶舊菊]」라는 시에서는 "창문 밖의 고운 꽃이 난만하게 피어서는, 서릿가을 누런 빛깔 연못 위에 비치었지. 그 꽃 뿌리 찬 재 따라 모두 없어졌거니와, 사람 없어 선돌에는 푸른 이끼 자랐으니."라고 하여 높은 서정성과 선적禪的 이미지까지 보여 주었다.

「옛집의 매화를 생각하다[憶舊梅]」에서는 "내 일찍이 심은 매화 대울 밖에 자랐거니 꽃이 피면 맑은 향기 정말 맑게 풍겼었지."라고 하여 그 맑은 심상을 드러냈다. 그리고 "지금 와선 몇 그루나 아무 탈이 없으려나, 꿈속에서 나부산의 외그림자 만나 봤네."라고 하여, 이제는 다소 초연해진 자신의 마음을 드러냈다. 나부산의 외그림자는 매화를 말한다. 나부산은 광동성의 동강 북안에 있는 산 이름으로, 수나라 때 조사웅이 꿈속에서 매화 선녀를 만났던 장소로 전해진다. 그래서 후대에는 매화에 대해 시를 읊을 때에 나부산을 흔히 인용한다.

개울과 들판에 때맞은 비가 지나가니 溪郊時雨過

산 기운이 정말로 뛰어나구나. 山氣政英豪
차조를 심으니 삶이 만족스럽고 種秫生涯足
매화를 옮겨 심으니 운치가 고상해진다. 移梅韻格高
구름이 걷히니 푸른 산이 다투어 드러나고 雲收爭露翠
못이 고요하니 물결이 일지 않네. 潭靜不生濤
끝없이 넓고 아득한 생각 속에는 夷曠無閑慮
덧없는 영화 한 터럭과 같네. 浮榮若一毫

「산중우음山中偶吟」이란 제목의 시다. 개울과 들판에는 자연의 순리를 따라 비가 내리고 그 가운데 우뚝한 산은 아름다운 기운을 자랑한다. 자연 속에서 아무런 물욕 없이 자연과 합치되는 삶을 살아가는 시인에게, 차조는 어떠한 진수성찬보다 만족스러운 진미이며, 매화의 고상한 품격은 시인의 삶을 더욱 운치 있게 만드니 그야말로 안빈낙도 그 자체이다. 경연에 드러난 푸른 산과 연못은 고요하고 정적인 자연물이다. 산은 구름에 가려지면 보이지 않지만, 여전히 그 자리에 서 있으므로 구름이 걷히면 다시금 그 우뚝함을 드러낸다. 또 바람이 불면 연못의 물은 일렁이지만, 바람이 그치고 나면 명경과 같은 고요함을 다시 드러낸다.

이렇듯 자연의 본성은 변함이 없이 한결같은 도체를 드러내니, 은둔하는 유자에 있어 이보다 더 훌륭한 도장이 있겠는가. 자연의 변화 속에서 잠잠히 자연을 즐기며 그 속에 융화되어 가는 시인에게 있어 세속의 부귀영화는 한 터럭과 같은 존재일 뿐이다. 산중의 고대광실이 무슨 필요가 있을 것이며 고관대작이 무슨 소용이겠는가?

둔산에 어린 노송나무가 있는데	遯山有稚檜
그 키가 5~6척이라네.	其高六五尺
성질은 서리나 눈처럼 차갑고	性與霜雪寒
마음이 괴로워도 바위를 편안히 여겨 쉬네.	心苦安瘦石
은둔자가 그 절개를 사랑하여	幽人愛其節
창문이 난 벽 가까이에 옮겨 심었네.	移栽近窓壁
운사雲師가 뜻을 이해하지 못하고	雲師不會意
한결같이 어찌 은택 내려 주기를 어려워하는가?	一何屯膏澤
성긴 가지는 누렇게 떨어지려 하고	疎枝欲黃隕
초췌한 나뭇잎은 옛 푸름을 잃었네.	憔悴失舊碧
그윽한 지조는 흰 구름과 잘 어울리니	幽操宜白雲
자적自適에 맡겨 둠이 가장 좋으리.	莫若任自適
문득 생각하니 성현이 손수 심는다면	飜思聖手植
운치와 멋이 한 격조 높아지리.	韻趣高一格
어쩌면 백 길이나 빼어나서	安得挺百丈
날씨가 차가워도 싫어하지 않음을 기약할 수 있을까?	歲寒期無斁

한편 대암은 만년의 은둔자로서 자신의 삶을 돌아보고 선비로서의 절개를 굳게 지키고자 하는 뜻을 치회稚檜(어린 노송나무)에 이입시켜 드러내고 있다. 첫 구의 둔산은 주왕산의 북쪽에 위치한 대둔산을 말하는데, 대암의 학안재가 근처에 있었으므로 대암이 자주 오르내렸던 산인 듯하다. 둔산에 있던 치회의 절개를 아껴 은둔자가 자신의 거처에 옮겨 심게 되는데, 자연의 순리에

잘 적응하지 못한 탓인지 가지는 마르고 잎은 누렇게 변하게 되었다. 이 치회는 곧 대암 자신이다.

젊은 시절 절개 있는 선비로서 학문과 덕행에 정진하였지만 당대는 어지러운 정치적 현실과 왜란의 변고 등 대암이 뜻을 펴기 힘든 시절이었다. 가지는 누렇게 변하고 나뭇잎은 푸름을 잃었다는 것은 시적 자아의 고뇌요 갈등을 뜻한다. 모든 것을 버리고 고향을 떠나 들어온 주왕산 아래에서 대암은 그동안의 삶을 반추하며 앞으로 어떻게 처한 삶을 살 것인지 깊이 고민하였을 것이다. 하지만 결국 자연에 은거하여 한갓 음풍농월이나 유락을 일삼으며 잠시 괴로움을 잊는 것이 아니라, 자연의 순리에 즐거워하고 그 속에서 자신의 심성을 기르며 본연지성을 찾아가는 삶을 선택하게 된다. 그리하여 그 삶에서 더 나아가 성인에 의지해 다시 한 격조를 높여, 궁극적으로는 백 장百丈이나 빼어나 세한歲寒에도 끄떡없는 우뚝한 송백松柏이 되고자 하고 있다.

달이 남쪽 창문으로 들어와 한 방이 밝아지니	月透南窓一室明
마음이 결국 얻은 것은 본디 처음의 맑음이네.	臺靈贏得本初淸
이제 알겠네, 체용이 같은 근원이라는 묘리를	方知體用同源玅
태극의 무無 속에서 온갖 변화가 생겨남을.	太極無中萬化生

「밤에 앉아[夜坐]」라는 시이다. 달빛이 창문으로 들어와 어둠 속에 있던 방을 밝힌다. 어둠이 아무리 짙고 두텁다 하더라도 한 줄기 빛을 이겨 낼 수 없는 것이다. 한 줄기 달빛이 방을 환하게

밝히듯이, 마음속의 짙은 어둠 또한 진리를 체득하고 본성을 회복하고자 하는 수기의 절실한 불빛에 그 본연의 맑음을 드러내고야 만다. 전·결구에서 시인은 태극의 오묘한 이치를 깨닫게 되었다고 말하고 있다. 태극은 체이고 태극의 원리를 갖고 있는 이 세상의 수많은 생명들은 모두 그 용用이다. 수많은 생명의 이치를 궁구해 들어가면 결국 태극으로 귀결된다. 그래서 동원同源이 되는 것이다.

또한 태극은 실제로 보이는 물건이 아니어서 형체가 없다. 하지만 세상의 어떤 사물이라도 만들어 내는, 다시 말해서 일만 가지 변화가 이 태극에 의해 이루어지는 것이다. 대암은 자연 속에서 자연이 가지는 진정한 가치를 터득하고 인간의 본연지성을 회복하여 합자연의 삶을 살고자 하였음을 알 수 있다. 유자들이 공통적으로 추구하는 바이며 진정한 수기의 삶이라 하겠다.

그런 가운데서도 시간이 흘러감에 대한 아쉬움과 찾아오는 이 없는 고독함에 대한 사무치는 마음은 대암에게도 없을 수 없었다. 담담하고 담박하게 읊은 그의 시편은 그런 점에서 대암 만년의 정취로 간과할 수 없는 것이다. 「가을날에 병으로 신음하다[秋日病吟]」라는 시와 「이 밤의 마음[此夜心]」에 그러한 정취는 절절하다.

맑은 가을 몸 병들어 홀로 사립문 닫았으니	羸病清秋獨掩關
고향 하늘 저 구름은 몇 겹 산에 막히었나.	故園雲隔幾重山

적막 속에 단풍 국화 찾아보는 이 없는데 寂寥楓菊無人問
그윽한 새 몇 소리가 나무 위서 들리누나. 幽鳥數聲庭樹間

유유할사 평소의 뜻 만년에 더 깊어지매 素志悠悠晩更深
정진하여 유림으로 나가 보려 마음먹네. 擬將精進出儒林
그럭저럭 지내는 새 세월 흘러가거니와 居諸過逐優游裡
젊은이야 이런 밤의 내 마음을 어찌 알리. 少壯那知此夜心

이미 노년으로 접어든 대암의 마음은 과히 늙지 않았지만 흐르는 시간만큼은 대암도 어찌할 수 없었던 것일까? 독실해지는 마음과는 별도로 대암의 마음속에 불타고 있던 마음도 서서히 저물고 있지는 않았을까?

대암의 생애와 학문,
후대의 기억

3 대암을 기억하는 다채로운 시선

대암을 기억하는 문장 가운데 가장 눈여겨볼 대목은 역시 함께 강학하며 '감발하여 흥기하는 성과'를 내었던 한강 정구의 기록이다. 한강은 자신이 젊은 시절 세상의 많은 벗들을 사귀었지만, 벗으로 사귄 다음 사랑하고 도의로써 충고까지 해 준 벗은 그리 많지 않다고 했다. 그러면서 대암이 종유한 지 30년이나 되었지만, 사랑과 공경이 둘 다 지극하여 시종 변치 않았으며, 정직하고 진실하여 반드시 옛날 군자들이 교제하는 도로써 서로 기대했다고 추억했다. 오늘날에도 귀하지만 옛사람 중에도 비슷한 경우를 찾기 어려울 것이라는 짐작은 한강이 대암을 평가하는 기본적인 입장이었다.

이 때문에 한강은 대암에 대해 형제와 같은 정분을 맺었다고 고백했으며, 아교와 옻처럼 서로 잘 어울리는 우의가 세월이 가면 갈수록 더욱 깊어져 신명에게 물어도 자신할 수 있다고 했다. 한강은 대암에 대해 그 인물됨을 이렇게 회고했다.

> 공은 맑은 서리와 같은 지조와 향기로운 난초와 같은 기풍을 지니고 있었습니다. 지조는 확고하였고, 품행은 단정하였으며, 따스하면서도 엄중한 얼굴과 간곡하고 애틋한 정성이 한결같이 천성에서 우러나왔습니다. 공은 평소에 혼자 지낼 적에도 종일토록 마음이 해이해지지 않았으며, 가슴속은 깨끗하여 티끌 한 점 없었습니다.

한강이 기억하는 대암은 참으로 고인의 기풍을 고스란히 간직한 사람이었다. 천성에서 우러난 덕성으로 자신의 삶을 하늘이 준 본성대로 보존할 줄 아는 인물이었다. 그러나 대암이 품고 있던 것은 자신의 성명을 온전히 보존하고 실천하는 데에 그치는 것이 아니었다. 한강은 이를 두고 "공이 가슴속에 보존하고 함양하는 것이 이르러서는, 대개 다른 사람이 알지 못하는 가운데서 날로 새로워지는 데 부지런히 힘쓰는 것이 있었다."라고 지적했고, "공이 근심스러워하고 한탄스러워한 것이 어찌 단지 성인의 시대가 멀어져서 성인들의 지극한 말씀이 사라져 버려서일 뿐이겠는가?"라고 반문하여, 대암이 가슴속에 품고 있던 원대한 포부를 곁에서 엿본 심정을 드러냈다.

이렇게 한강이 대암에 대해 곡진하게 그 삶의 이면까지 염두에 두고 말할 수 있었던 것은 대암과의 사이에서 특별한 인연이 있었기 때문이다. 한강은 대암보다 조금 더 나이가 많을 뿐이었지만 대암은 그를 스승으로 모시고 배움을 청했다. 이에 대해 한강은 대암과의 인연을 이렇게 떠올렸다.

> 공은 나에 대해서도 재주가 없고 학식이 부족하다고 하여 무시하지 않고, 직접 면대하여 『서전書傳』을 강론하면서 더러 나에게 자문하기도 하였습니다. 이 때문에 나는 항상 공을 경외하고 스스로 부족함을 느끼며, 아무리 노력해도 도저히 미칠 수 없다는 두려움에 잔뜩 위축되어 허리를 펴지 못했던 것입니다.

한강은 대암의 학문의 규모와 도량을 깊이 믿었기 때문에 더욱 그 경지를 넓혀 깊이 들어간다면 옛 성현의 경지에도 이르지 못할 것이 없다고 여겼다. 하지만 설령 대암이 비록 세상에 출사하여 큰 업적을 이루고 그 혜택이 백성들에게 두루 미치게 하지 못한다 하더라도, 오히려 초야에서 스스로 도를 지키고 보존하며 도덕이 높은 학자가 될 수 있을 것이라 믿었다. 그러나 한강의 우려처럼 사람의 일이란 마음대로 되지 않는 법이다. 한강은 대암이 자신의 경륜을 제대로 펴지 못한 것에 대해 매우 안타까워하면서 그의 삶을 이렇게 평가했다.

> 평소에 뜻한 바를 이루지 못하고 나라를 걱정하는 정성이 담긴 16개 조항에 이르는 상소문만 겨우 한 번 대궐에 올리는 데 그치고 말았다. 공은

일찍이 정쟁 속에 뛰어들어 나라가 어지러운 가운데 부절符節을 받들고 나아가 있었으나 가슴속에 쌓인 경륜을 스스로 펼 수 없었다.

박이장朴而章은 제문에서 대암을 이렇게 평가했다.

곧으면서도 능히 따스하고, 강하면서도 허물이 없고, 간결하면서도 오만함이 없는 사람, 오늘날의 세상에서 우리 덕응(대암) 한 사람뿐이었다. 자질이 아름다우면서도 순수하기가 동류 가운데에서 훨씬 뛰어났고, 행실이 준엄하면서도 개결하여 인품이 보통 사람보다 월등하였으며, 마음을 잡은 것에 주체가 있어 자신의 몸가짐을 함에 있어서 흠이 없었다. 이에 백번을 정련한 정금이나 한 조각의 백옥에 비길 수가 있었으며, 벽오동에 날아드는 난새나 푸른 대나무 꼭대기에 앉은 고니와 같았다.

그러나 박이장은 대암이 국가의 쓰임에 널리 활용되지 못한 것을 못내 아쉬워했다. 그는 대암과 같이 정밀한 학문과 정성스러운 마음, 그리고 곧은 언론을 가진 사람을 경악經幄에 두거나 보도輔導하는 자리에 둔다면, 가까운 자리에서 임금을 보필하고 계발하여 성취시킨 것이 어찌 적었겠냐고 평했다. 그러나 머리가 희어지도록 구름과 숲속에서 살면서 팔짱을 낀 채 지내어 재주를 시험하지 못하였다고 한탄했다. 그리하여 단지 선조가 '남쪽의 유자[南儒]'라고 불렸을 뿐이며, 광해군이 동궁 시절 "박성이 지금 어디에 있는가?"라고 묻는 데 그치고 말았다고 안타까워했다.

대암은 만년의 시 「기심을 잊고 읊조리다[忘機吟]」에서 "어찌하면 변경지역 조용하게 해 남은 인생 어긋나지 않게 하려나?"라고 탄식했다. 여전히 변방의 어지러움을 평정케 해야 한다는 책무의식을 가지고 있었던 것이다. 「송재에서 회포를 적다[松齋書懷]」에서는 "늘그막에 마음 다해 공자 안자 배우면서 명리 따윈 조금치도 관심 두지 아니하네. 부질없이 요순시대 군민 만들 뜻 품었다가 온 천지에 풍우 쳐서 푸른 산에 누웠노라."라고 하였다. 큰 뜻을 품었으나 실현하지 못한 아쉬움을 그대로 노출한 것에서 알 수 있듯, 대암의 포부가 결코 작았다고 할 수 없었다.

제3장

대암종가의 문헌과 제례

대암종가의
문헌과 제례

1 소장 문헌과 그 현대적 조명

한국전쟁의 참상은 대암의 종가와 종택에도 큰 상흔을 남겼다. 한국전쟁 당시 구지면은 한국군과 인민군의 치열한 전투 지역이었다. 대암 선생의 조부인 감찰공의 묘소가 구지면 응암리 덕골의 종산에 있는데, 그 비석에는 아직도 당시 총격전의 흔적인 총탄 자국이 남아 있다고 한다. 대암종가는 한국전쟁 당시 경북 청도로 피난을 갔었는데, 종택으로 돌아와 보니 종택은 폭격을 당해 그 주변이 전소되었고, 인민군의 본부로 사용되었던 종택 일대에는 인민군들의 시신이 널브러져 있었다. 창리의 정랑걸에는 폭격기가 추락하여 그 잔해가 남아 있었다고 하니 그 참상을 이루 다 말할 수가 없는 형편이었다. 종택이 폭격을 당해 전소되면서 종택에 보관되었던 전승 문헌과 유물은 모두 소실되었다고 하니 전통문헌이 대거 소실된 한국전쟁의 상처는 대암의 종중도 피해 갈 수 없는 것이었다. 다행스럽게 수습된 대암종가의 문헌을 소개하면 다음과 같다.

1) 『대암선생문집』 책판

대암 선생의 신위와 『대암선생문집』 책판은 송담서원에 모셔져 있어서 훼손을 피할 수 있었다. 『대암선생문집』 책판은 나무로 만들어졌는데, 대구시 문화재로 지정되어 대암 선생 불천위 사당에 보관되어 오다 근래 한국국학진흥원에 기탁되어 소장되어 있다.

『대암선생문집』은 책판 자체도 상당한 문화재적 가치가 있어 살펴볼 만하다. 『대암선생문집』 책판은 조선 후기 학자인 대암大庵 박성朴惺(1549~1606)의 문집을 판각한 것으로, 박성이 사망한 후 남은 글을 모아 1679년(숙종 5) 박성의 증손 박세희朴世熙에 의하여 편집·간행되었다. 2007년 4월 10일 대구광역시 유형문화재 제54호로 지정되었고, 2021년 11월 19일 문화재청 고시에 의해 문화재 지정번호가 폐지되어 대구광역시 유형문화재로 재지정되었다.

『대암선생문집』 책판의 문화재적 가치는 120장의 완판으로 결판이 전혀 없다는 것이다. 크기는 가로 52.3cm, 세로 19.1cm, 두께 2.6cm이다. 판식은 사주 쌍변四周雙邊으로 계선界線이 있으며, 내향 이엽 화문 어미이다. 상하 비선은 백구인데, 흑어미가 다

『대암선생문집』 책판(한국국학진흥원 제공)

수 확인된다. 1면 10행 20자이다. 판심제는 '대암집大庵集'이다. 서문의 권두제는 '대암 박 선생 문집'이며, 권1·2의 권두제는 '대암 선생집'이라 되어 있다. 권2의 「소모밀양사민통문召募密陽士民通文」은 임진왜란 당시 김성일金誠一의 참모로 있으면서 의병을 모집한 격문이고, 권4의 「논시폐소論時弊疏」는 정유재란 당시의 폐해를 16개 조에 걸쳐서 상세히 논하면서 대책을 강구한 것으로 가장 많은 분량이다. 권5는 부록으로 박성 사후에 장현광張顯光·정구鄭逑·조호익曺好益 등의 유현들이 지은 행장行狀, 만사輓詞, 제문이 수록되어 있다. 권6에는 제문 28편과 1641년(인조 19) 이조 참판 김세렴金世濂이 지은 묘지명이 있다.

『대암선생문집』 책판은 17세기 말 판각된 이후 결판됨이 없이 원형을 잘 보존하고 있어 그 문중의 저력을 엿볼 수 있으며 주인공인 대암이 임진왜란 때 김성일, 이원익과 함께 활약한 인물이라는 점에서 당대 명현들의 사상과 조선 중엽의 정치·사회상을 연구하는 데 중요한 자료로 평가된다.

2) 『대암선생문집』

저자의 시문은 졸한 뒤 70여 년이 지나 증손 박세희朴世熙가 가장초고家藏草稿를 바탕으로 유문遺文을 수집하여 편차하고, 1679년에 집안 간에 인연이 있던 이윤우李潤雨의 손자 이원정李元禎에게 서문을 받는 등 간행을 준비하였다. 1693년에 박세희가 청도 군수 조원기趙遠期의 협조를 받아 6권 4책의 목판으로 문집을 간행했다. 1693년의 초간본은 연세대학교 중앙도서관(811.98/박성/대-판), 국립중앙도서관(古3648-文25-182), 규장각(奎6600) 등에 소장되어 있다.

그 후 1930년에 달성達城 묘암재墓菴齋에서 6권 2책의 석인石印으로 간행된 중간본이 있다. 이 본에는 중간重刊 당시의 서문과 발문이 없어 간행 경위는 알 수가 없고, 다만 간기가 있는 본이 있어서 간행지와 간행연도를 알 수 있을 뿐이다. 초간본과 비교하면 내용은 동일하며, 권1에서 「송생술회松生述懷」 앞에 칠언사운七言四韻의 제목을 붙여 주어 시체詩體를 분명히 한 점이 다르다.

이 본은 국립중앙도서관(古3648-文25-194), 고려대학교 중앙도서관(D1-A1653) 등에 소장되어 있는데, 고려대 본에는 간기가 있다.

1985년에는 저자의 문중門中에서 저자의 사위 이의활李宜活의 후손 집에서 최근 발견된 「대암박선생사우록大菴朴先生師友錄」과 연보年譜의 번역본을 간행한 바 있다.

문집은 대암종가의 문헌 가운데 중요한 것으로 좀 더 상세하게 소개한다.

문집의 본집은 6권 4책이다. 권수에는 1679년에 이원정이 지은 서문과 목록이 실려 있다. 권1에는 오언절구 8제, 오언사운 35제, 오언고시 3제, 칠언절구 78제가 실려 있다. 김시습金時習·신지제申之悌·이준李埈·김대덕金大德·김성일金誠一·노수신盧守愼·이황李滉의 시에 차운한 시, 이홍우李弘宇·김우옹金宇顒·정탁鄭琢·정곤수鄭崑壽를 애도한 만시挽詩, 장현광張顯光·정구鄭逑·최영경崔永慶에게 준 증시贈詩, 영호남에서 왜적이 물러났다는 소식을 듣고 지은 왜란倭亂과 관련된 시, 망우亡友 권우權宇·이수연李睟然 등을 생각하며 지은 시, 주자서와 「논어」를 읽고 지은 시, 회檜·송松·백柏·매梅·죽竹을 두고 읊은 시 등이 있다.

권2에는 제문 10편, 잡저 1편, 서 1편, 통문 1편이 실려 있다. 제문은 김우옹, 곽준, 김성일, 정곤수, 김해, 김기, 김홍미, 곽이상·곽리후 형제, 류운룡, 배희의 것이다. 잡저는 1568년경에 진주에서 일어난 음부淫婦의 옥사와 관련된 것으로, “조식이 음부를 미워하여 문생들로 하여금 음부를 성토하고 마을에서 쫓아내게

한 일이 의리에 어떠하냐?"라고 이황이 묻자, "덕산에서 은거하는 것만 알고 나머지 일은 모른다."라고 임운이 대답함에 이황이 칭찬한 내용이다. 「송이여무서送李汝懋序」는 정구의 문인 이후경이 병문안 왔다가 돌아갈 때 지어 준 것으로 안빈낙도를 권면하고 재물과 여색을 경계하는 내용이다. 앞서도 소개한 「소모밀양사민통문召募密陽士民通文」은 김성일의 종사관으로 있을 때, 밀양의 백성들에게 당시의 위급한 상황을 설명하고 임금과 부형을 위해 의병에 참여할 것을 권면하는 통문이다.

권3에는 서 65편, 묘지명 8편이 실려 있다. 서는 정구·조목·이후경·조호익·정사진·이원익·김광계·정인홍·황여일·황치성 등에게 보낸 편지이다. 정구에게 올린 편지에는 김우옹의 행장을 청하는 내용, 조목에게 올린 편지에는 『퇴계집退溪集』 간행과 관련된 내용이 있다. 조호익에게 보낸 편지에는 『주자어류』를 빌려주어 고맙다는 내용, 이원익에게 올린 편지에는 명군의 군량미 마련과 옥산서원의 서책과 이언적 위판의 대피 문제에 대한 내용이 있다. 정인홍에게 보낸 편지는 1605년에 지은 것으로 정인홍이 조식의 문집을 간행하면서 발문에 이황을 폄하하고 조식을 치켜세운 일로 영남 사림이 퇴계파와 남명파로 갈려 영남이 하나의 전쟁터가 된 책임을 추궁하는 내용이다. 묘지명은 이응인 내외와 이의윤의 묘지명, 부친 박사눌과 모친 광산김씨의 묘지, 외조부 김연의 묘지명, 김부필의 묘지, 곽준의 묘지명, 김부의의 묘갈이다.

권4에는 소 3편이 실려 있다. 「논시폐소論時弊疏」는 1597년 왜

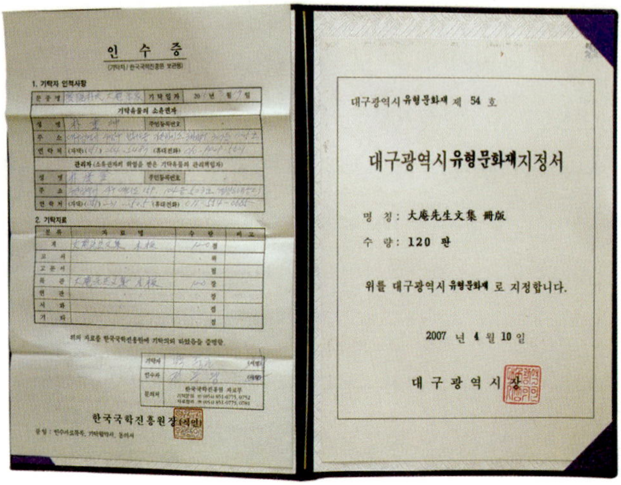

『대암선생문집』 책판 대구광역시유형문화재지정서와 인수증

란 기간 중에 올린 시무 16조로 그 당시 나라의 문제점과 그 대책을 아뢴 장편의 상소이다. 대의를 밝혀 화의를 중단할 것, 친히 정벌하여 왜적을 섬멸할 것, 백성의 고통을 구휼하여 인심을 얻을 것, 훌륭한 장수를 뽑아 군무를 맡길 것, 간언을 받아들이고 언로를 열 것, 절의를 포상하여 강상을 부식할 것, 신상필벌을 분명히 하여 중외를 경계할 것, 불필요한 비용을 줄여 군수를 넉넉히 할 것 등 16조목으로 저자의 경륜을 엿볼 수 있는 내용이다. 이 밖에 곽䞭을 대신하여 올린 백사림을 처벌하기를 청하는 상소와 영남 유생을 대신하여 올린 최영경의 신원을 청하는 상소가 있다.

권5~6은 부록이다. 장현광이 1632년에 지은 행장과 정구·조호익·이호민·임흘·이의활 등이 지은 만사 12편, 장현광·이후경·서사원·황여일·박돈 등이 지은 제문 35편, 김세렴이 1641년에 지은 묘비명이 실려 있다.

3) 대암 선생 친필 편지

이 친필 편지는 1602년, 대암 선생이 57세 때에 청송에 거주하면서 보낸 편지이다. 척박한 청송의 주변환경에 대한 아쉬움과

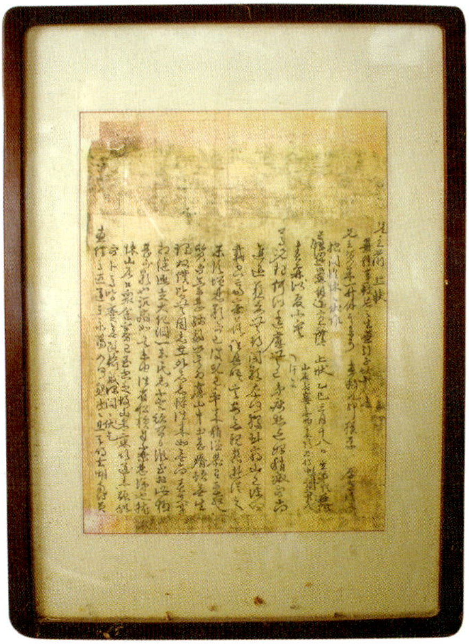

사당에 보관 중인 친필 초서

후사에 대한 이야기가 제시되어 있다. 대암은 이해에 영천에 사는 족인 박사신의 셋째 아들을 데려와 사자嗣子로 삼았다.

4) 송담서원의 문헌록

16세기 발흥한 조선의 서원은 인재 양성과 선현 제향, 유교적 향촌 질서의 유지라는 긍정적 기능을 발휘하였다. 하지만 세월이 흐르는 동안 서원이 전국적으로 확산되면서, 서원의 긍정적인 정치·사회적인 역할 외에 부정적인 폐단이 나타난다. 1741년 영조가 당쟁의 소굴로 지목된 300여 개소의 서원을 철폐하였으나 송담서원은 여전히 건재하였다. 향촌에서 송담서원의 정당한 역할을 인정받은 것으로 짐작된다.

그러나 잘 알려진 바와 같이, 1871년 대원군이 전국의 서원 중 47개소 외에 나머지 서원들을 일제히 철폐하라고 명령했다. 송담서원 역시 그 거센 물결을 피해 갈 수 없었다. 송담서원이 훼철되기 전까지 송담서원에 보관되었던 일부 서적과 문서 16책은 서원이 훼철되던 해인 1871년에 인근 도동서원 서고로 옮겨져 보관되어 왔다.

아울러 송담서원의 원임과 원장, 유생 및 서원을 방문한 사람들을 기록한 문헌이 남아 있다. 『임안록任案錄』 1책은 1852년(철종 3)부터 1857년까지 송담서원의 원임을 기록한 책이다. 『원임록院任錄』 1책은 송담서원의 원장 및 유생의 명단을 기록한 것이다.

『송담서원알사록』 8책은 1694년부터 1806년(순조 6)까지의 사조祠廟에 분향焚香한 일지이다. 『송담서원심원록松潭書院尋院錄』 3책은 1767년(영조 43)부터 1822년(순조 22)까지와 1855년(철종 6)부터 1868년(고종 5) 9월까지의 유생들의 방명록이다. 『송담서원원생안松潭書院院生案』 1책은 송담서원의 경제 및 재정 운영과 서원의 재정을 보완하기 위하여 일반인을 대상으로 모집한 사숙학생부私塾學生簿 격이다. 『송담유전수습기松潭儒錢收合記』 1책은 서원의 수리와 중수 등을 돕기 위하여 일반 유생들의 출자를 기록한 학생부學生簿이다.

성책成冊되지 않고 고문서의 형태로 전하는 「송담서원별유사전명문松潭書院別有司前明文」은 1824년 12월 제작된 송담서원 별유사 앞으로 발행된 명문明文으로서 전답田畓을 매입買入하면서 작성된 거래문서이다.

제14대 박중곤 종손이 이 중 『송담서원알사록松潭書院謁祠錄』 1책을 당시 논문의 연구자들로부터 전해 받아 보관하고 있다.

5) 대암 박성 묘비명

달성군 구지면 도동리 232-2번지에 위치한다. 1641년(인조 19)에 제작된 것으로 크기는 가로 90cm, 세로 220cm, 폭 20cm이다. 대암 선생 묘소 아래 청용두의 정측면 한 칸에 맞배지붕 비각 안에 보존되어 있다. 이 비는 수많은 벼슬길이 열려 있으나 세상

명리를 탐하지 않고 오직 학문에 전념하면서 당대 명현들과 교유하고, 국난을 당해서는 목숨을 걸고 의병 활동에 참여하였으며, 모부인母夫人 섬기기를 성현의 교훈과 예경대로 실행하고 충·효·의를 겸비한 대암 선생을 기리는 비이다. 1641년(인조 19)에 사림 75인이 뜻을 모아 이 비를 건립하였다.

비문은 이조 참의 동명 김세렴金世濂이 짓고, 진사 전영全泳이 글씨를 썼다. 김세렴의 묘지명은 대암의 인물상을 드러내는 데에 상당한 정보를 주고 있는데 그 일부만을 우선 소개한다. 김세렴은 대암의 학문적 수준이 당대의 학자들과 충분히 함께 논의할 만한 것이었다는 점을 서두에서부터 분명하게 제시했다. 그는 대암의 학문을 평가함에 우선 한강 정구와의 우의를 강조했다.

> 문목공 한강 정 선생이 도덕과 학문으로 영남에서 일어났는데 도의로써 서로 사귄 분이 있었으니 바로 밀양 박공 대암 선생이었다.

아울러 동시대의 뛰어난 분들과의 교유 역시 간과하지 않았다.

> 선생과 동시대에 태어나 나이가 비슷한 사람으로는 수우당 최영경·문목공 정구·동강 김우옹·송암 김면·여헌 장현광 같은 분들이 있어 끊이지 않고 서로 오가면서 아주 좋아했다. 선생께서는 일찍이 "내가 학문을 하는 일에 감발하여 흥기할 수 있었던 것은 모두가 한강 덕분이었다. 그러니 한강은 바로 나의 스승이다. 내가 어찌 벗으로 대할 수가 있겠는가. 스승과 벗의 중간쯤으로 대우하는 것이 마땅하다."라고 하였는데 이는 대개 문목공에게서 힘을 얻은 것이 아주 많았기 때문에 한 말이다.

대암 박성 묘비

동명은 한강과 여헌이 지은 글들을 참고하며 묘지명을 지었지만, 자신만의 문장으로 그의 행적을 빛나게 서술한 대목도 없지 않다. 바로 다음의 문장이다.

선생의 덕과 공렬은 한두 가지를 들어서 말할 수가 없이 많다. 그 가운데 큰 것은 학문과 지행志行만 한 것이 없다. 무릇 문목공과 같이 도덕과 학문이 뛰어난 분으로서도 선생의 도덕과 학문에 대해서는 두렵게 여겼다. 그러니 선생의 학문이 이미 지극한 것이 아니겠는가? 선생께서는 성인의 글을 읽어서 걸음을 걸을 적에는 반드시 관민關閩의 발자취를 따라갔으며 시골에 숨어 살면서 더욱더 평소에 익힌 바를 단단히 하였다. 그러니 선생의 뜻과 행실이 이미 지극한 것이 아니겠는가?

동명이 대암을 이같이 평가한 것은 대암의 업적에만 그치는 것이 아니라 대암의 고상한 마음가짐 때문이었다. 이미 한강도 어려워할 정도로 학문의 수준이 높았으며, 행실이 그 이상으로 고상했던 대암의 인간됨을 아주 생생하게 드러낸 명문이 아닌가 한다.

이렇게 늘 대암과 비교되며 학문적 동반자로서 한평생을 종유했던 한강은 이미 자신보다 먼저 생을 마친 대암을 두고 이렇게 종유했던 기쁨과 홀로된 아픔을 노래했다.

생각해 보면 지난날 낙강洛江에서 배를 띄우고 놀았던 일이며, 송림松林에서 연꽃을 감상하였던 일이며, 회연檜淵에서의 놀이와 송암松菴에서의 모임, 옥산玉山과 동강東岡에서 이틀 밤을 묵었던 일 등이 이제는 다 옛 자취가 되고 말았습니다. 그러니 어찌 차마 말을 할 수 있겠습니까? 그 당시에는 서로 사랑하는 벗들이 그래도 세상에 많이 생존해 있어서 끊임없이 어울리면서 서로가 주인이 되기도 하고 손님이 되기도 하였습니다.

을미년(1595) 가을에 내가 조정의 명을 받고 내려와 고향을 지나갈 당시에 형을 만나 개진開津의 물가에서 작별하였는데, 술잔을 잡고 흉금을 털어놓으며 날이 저물도록 차마 헤어지지 못한 적이 있습니다. 형은 그 당시의 일을 기억하십니까? 그때 조정의 일본에 대한 조처를 나는 옳다 하고 형은 그르다 하여 서로 주장이 달랐으나 서로 깊이 사랑하는 심정은 피차 똑같았습니다. 그런데 그때의 만남이 끝내 영원한 이별이 되어 나로 하여금 무

한한 슬픔과 쓰라림을 품게 할 줄을 그 누가 알았겠습니까? 내가 이 세상에 더 이상 무슨 미련이 있겠습니까. 죽더라도 죽음을 함께할 사람이 없고, 살더라도 어울릴 이웃이 없습니다.

"죽더라도 죽음을 함께할 사람이 없고, 살더라도 어울릴 이웃이 없다."라는 한강의 한탄이 인상 깊다. 이 글에서 평생을 교유한 좋은 벗인 한강이 1595년에 조정의 명을 받고 하려던 일은 일본과 중국의 화해 분위기에 문안問安하려는 것이었다. 당시 일본 관백을 책봉하는 임무를 띠고 나온 명나라의 정사 이종성李宗城이 남원에 머물고 부사 양방형楊邦亨은 밀양에 머물렀는데 한강은 이때 문안사로 차임되어 그들이 있는 곳으로 가던 길이었다.

6) 『감수재집』

경상남도 함양군 출신 감수재 박여량朴汝樑(1554–1611)의 시문집이다. 문집은 2권 1책의 고활자본古活字本(후기목활자後期木活字)으로 이본異本도 있다.

이 책의 저자 박여량은 대암의 시대와 그 생의 여정이 겹쳐 있는 인물이다. 박여량의 자는 공간公幹, 호는 감수재感樹齋이다. 본관은 삼척三陟으로 경상남도 함양군 출신이다. 1600년에 문과에 급제하여 사간원 정언司諫院正言, 세자시강원 문학世子侍講院文學 등을 지냈다. 임진왜란 때 망우당忘憂堂 곽재우郭再祐(1552–1617), 송암松庵 김면金沔(1541–1593)이 의병을 일으켰을 때 통문通文을 돌

『감수재집』

리는 등 힘을 보태었다. 내암來庵 정인홍鄭仁弘(1536–1623)의 문인으로서 함양 지역 및 중앙 정계에서 주도적인 역할을 하였다.

1914년에 박여량의 8세손 박창도朴昌道가 통문을 돌려서 박여량의 시문을 널리 수집한 뒤 당시 안의군 장수동長水洞(지금의 경상남도 함양군 안의면 상원리)에서 간행하였다. 정연시鄭然時가 서문을 썼고 정직교鄭直敎가 발문을 썼다.

8권 5책의 목활자본이며, 사주쌍변四周單邊이다. 전체 크기는 계선界線이 있는 10행 18자이고, 주註는 쌍행雙行이다. 표제는 『감수재집感樹齋集』, 판심제는 '감수재선생문집感樹齋先生文集'이다.

구성과 내용을 살펴보면 권1에는 시 112수가 있다. 권2에는 시 63수, 부 2편이 있다. 권3에는 소 2편, 계啓 31편이 있다. 권4에는 전箋 2편, 장狀 2편, 책策 2편, 서書 3편, 명銘 2편, 제문 9편, 고유문告由文 4편, 기記 3편, 서序 4편이 실려 있다. 권5에는 잡저 5편, 권6에는 잡저 3편이 각각 실려 있다. 권7과 권8은 부록이다. 권7에는 세계도, 연보가 있다. 권8에는 녹훈교서錄勳敎書, 사

제문賜祭文, 제문, 만사, 묘갈명, 가장, 통문이 있다. 잡저에 있는 「통영남유신通嶺南儒臣」과 「통열읍운량문通列邑運糧文」은 임진왜란 때 지은 통문으로서 의병활동을 지원한 행적을 알 수 있는 글이다. 부록으로 박여량의 손자 박명신朴鳴辰의 유고, 『사암공실록思菴公實錄』이 있다.

이 문집은 다양한 문체로 구성되어 있어 경상남도 함양 지역 유림의 문학 입지와 위상을 살펴볼 수 있다. 뿐만 아니라 대암 당대에 있었던 임진왜란의 정황을 살피는 데도 의미가 적지 않은 문집이라 할 수 있다.

7) 「낙강범주분운洛江泛舟分韻」

정구鄭逑·김면金沔·이기춘李起春 등과 낙동강에서 뱃놀이하며 지은 시가 첨부되어 있다. 이 낙강칠현의 작품은 그와 관련한 유적이 더 의미 있으므로 따로 서술한다. 이 시는 이른바 낙강칠현의 작품으로 그 의미가 심장하여 좀 더 살펴볼 필요가 있다.

낙동강에서 배를 띄우고 운을 나누어서 읊다

좋은 모임 우연히 이루어져서 勝會偶然成
또다시 여러 군자 반가이 만났네. 又復之子遇
청담을 나누니 회포가 풀리고 淸談徹襟懷

「낙강칠현시」 병풍(박중곤 제공)

조각배는 물결 따라 오르내리네. 扁舟任沿泝
가벼운 그늘에 서늘한 바람 불어오니 輕陰動凉飇
이 강에 해 저문다 근심치 마오. 莫愁江日暮

대암의 이 작품은 낙동강에서 배를 띄우고 시회를 즐기는 즐거움을 한껏 묘사한 것이다. 여러 군자들과의 만남과 그 즐거운 정경을 잘 드러내고 있다.

평생토록 어떤 일이 최고로 좋았던가 平生何事最爲多
오늘의 이 뱃놀이도 역시 노래할 만하네. 今日船遊亦可歌
좋은 벗을 만나 함께 술에 잔뜩 취했거니 邂逅良朋因共醉
석양 무렵 내 그림자 잔물결에 비치누나. 斜陽倒影照平波

한강 정구의 이 작품은 이 뱃놀이의 즐거움을 가장 가감 없이 드러낸 흥취 있는 작품이다. 평생의 뱃놀이 가운데서도 가장 흐뭇한 성사로 보고 좋은 벗과 잔뜩 취기가 오른 자신을 석양에 지는 햇살과 그 그림자로 묘사하며 모임의 즐거움을 노래하고 있다.

강호에서 얼마나 다행스레 제현을 만났는가	江湖何幸奉諸賢
생선회에 술 마시매 그 흥취가 고상하네.	斫玉傾霞興不俗
뭔가 얻은 듯하거니 다시 무얼 구하리오	充然有得又何求
내일도 또 머무는 게 바로 하고 싶은 거네.	明日留菴是所欲

이 시의 저자 송암 김면金沔(1541–11593)은 퇴계의 문인으로 임진왜란을 만나서는 고령에서 의병을 일으키기도 한 의사였다. 고령의 도암사道巖祠에 배향되어 있다. 그의 시는 다른 제현들과 같이 모임 자체를 즐기면서 내일도 이 즐거움을 그치게 하지 말자는 적극성을 띠고 있다.

좋은 벗들 못 만난 지 반년이나 되었는데	隔濶良朋已半年
맑은 강서 만나 보매 생각 길어 가없네.	清江邂逅思無邊
강물 위에 배 띄우자 도도하게 취흥 일어	中流扣枻陶陶醉
안개 물결 이 세상의 밖인 줄도 모르누나.	不覺烟波物外天

이 시의 저자 육일헌 이홍량李弘量(1531–1592)은 이홍우李弘宇의 형이다. 육일헌의 시를 통해 이들 낙강칠현의 모임이 한두 차례의 모임에서 그치지 않고 우의를 이어 가는 모임이었음을 짐작하게 된다.

안개가 낀 맑은 강에 배를 띄우자　　烟艇泛清波
좋은 벗들 먼 곳에서 찾아서 오네.　　良朋來自遠
어느 누가 알겠는가 오늘 이 놀이　　誰知今日遊
전엔 아예 생각지도 못했던 것을.　　曾不意千萬

이 시의 저자 옥산 이기춘李起春(1541–1597)은 고령에 살고 있으면서 이 모임에 함께했던 것으로 보인다. 이기춘은 배를 띄워 놓고 즐기는 이 시회를 진작에는 경험해 보지 못했다고 말하면서, 매우 흥겨워하며 즐기는 정경을 보여 준다.

아침 무렵 연꽃 핀 걸 감상하다가　　荷花朝共看
저녁 무렵 배 띄우고 금산을 보네.　　暮泛金山境
이 모임에 뭇 현인들 다 모였거니　　高會揔群賢
한 조각배 만경 물결 헤쳐 나가네.　　片帆凌萬頃

청휘당 이승李承(1552–1598)은 이 모임에 참석했던 제현 가운데 상대적으로 젊은 층에 속했다. 성주에 거주한 것으로 알려진 그는 『청휘당실기』를 남겼다.

좋은 모임 맘 기쁘게 달려와서는　　勝會欣來赴
일엽편주 만경창파 위에 띄웠네.　　扁舟萬頃滄
석양 무렵 뜻 아득해 한이 없는데　　斜陽無限意
고개 돌려 보매 다시 흐려 아득하네.　　回首更微茫

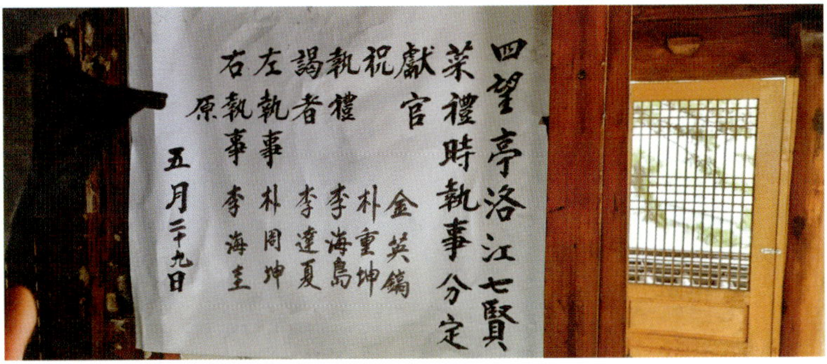

낙강칠현 후손가의 채례 집례 정황(박중곤 제공)

이홍우李弘宇(1535-1594)는 위에 등장하는 이홍량의 동생이다. 형제가 나란히 낙강칠현에 포함되어 있어 집안 내력이 상당함을 알 수 있다. 낙빈洛濱의 시에는 모임 소식을 듣고 흔쾌하게 등장하는 즐거움과 이미 모임이 그득하여 석양을 즐기는 모습이 함께 나타나고 있다.

2 봉행 제례의 어제와 오늘

예전에 대암의 위패가 송담서원에 배향되어, 송담서원에서 대암을 기리는 향사를 지내 왔다. 대원군 때인 1871년 서원철폐령이 내려졌으나, 대암의 위패는 송담서원에 남아 여전히 대암에 대한 불천위 제사를 지내고 있었다. 일제강점기 이전에는 불천위 제사 때 소를 한 마리 잡을 정도로 성대히 지냈다고 한다. 6·25 전쟁 후 대암 선생의 불천위 사당에서 제사를 모시고 있다. 기제사는 종택에서 지낸다.

기제사忌祭祀에서 제관들은 한복 위에 도포를 입고 갓이나 관을 쓰고 제례를 지낸다. 종가에서 전래되고 있는 홀기笏記를 고려하여 그 불천위 제사를 진행하고 있다.

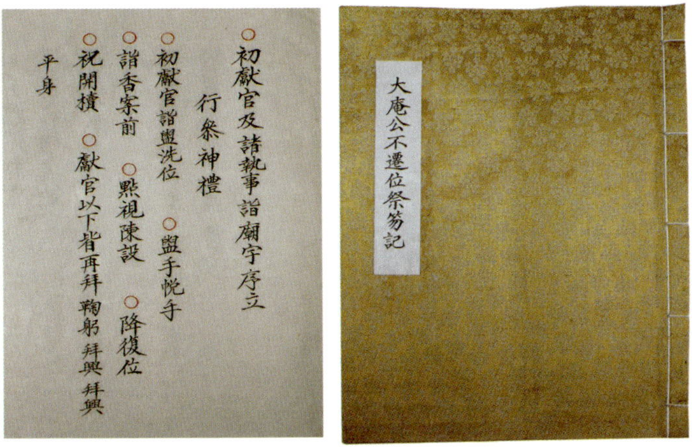

대암공 불천위제 홀기

불천위不遷位란 나라에 큰 공훈이 있거나 학문과 덕망이 높은 사람을 대상으로 신주를 땅에 묻지 않고 사당에 두면서 제사를 지내는 것이 허락된 신위를 말한다. 일반적으로 조상의 기제사는 4대까지만 봉사하고 5대부터는 혼백을 무덤에 묻고 묘사를 지내지만 불천위는 계속해서 신위를 사당에 모시고 제사를 지낸다는 점에서 차별성이 부여된다. 불천위는 나라에서 정한 국불천위와 유림에서 발의하여 정한 유림불천위가 있다. 조선 후기 이후 가문에 불천위를 모신다는 것은 조상 숭배의 차원을 넘어 훌륭한 선조의 후손임을 공인받는 것이나 다름없었다. 그렇기 때문에 해당 문중의 권위와 결속력은 더욱 강화되었다.

1) 불천위 제례의 절차

(1) 제사 준비와 제청 마련

제사에서 가장 중요한 것 중 하나가 제사 음식을 장만하는 일이다. 마을에 살고 있는 일가 여성들이 종택에 모여 정성껏 음식을 준비한다. 제사를 주관하던 13대 종손이 세상을 떠난 후로는 지금의 종부와 집안 며느리들이 함께 도와 음식을 마련하고 있다. 그분들 가운데 연세가 아흔이 넘는 분도 계신데, 오랫동안 가문의 전통을 지키며 제수를 마련하는 데 도움을 주셨다고 한다. 모든 재료를 국산으로 구입하여 정성을 다해 준비한다. 제수 준비 과정에서 또 다른 든든한 버팀목은 현 종부인데 현 종부의 가장 든든한 지원군은 다름 아니라 시어머니라고 한다.

몇 년 전만 하더라도 불천위 제사에는 50여 명 이상이 참석하였는데, 코로나19가 창궐한 2020년부터는 제관을 비롯해 친척 중 최소 인원만 참석하기도 했다.

참사자들은 도착하는 대로 종택에서 제복을 갖추어 입는다. 종손 및 제관은 도포와 유건을 대체로 구비하여 준비해 오는 경우가 많지만, 양복을 입고 오는 경우도 있다고 한다. 참사자가 다 모이면 둘러앉아 집사분정執事分定을 시작한다. 집례와 축관은 예에 밝은 집안의 원로가 맡는다. 그 밖에 진설·집사 등 각자에게 부여된 임무를 맡는다.

제청은 현대화된 종택이며, 제수 음식 역시 현대화된 종택의 주방에서 준비한다. 먼저 제청에 병풍을 두르고 신주를 모시는

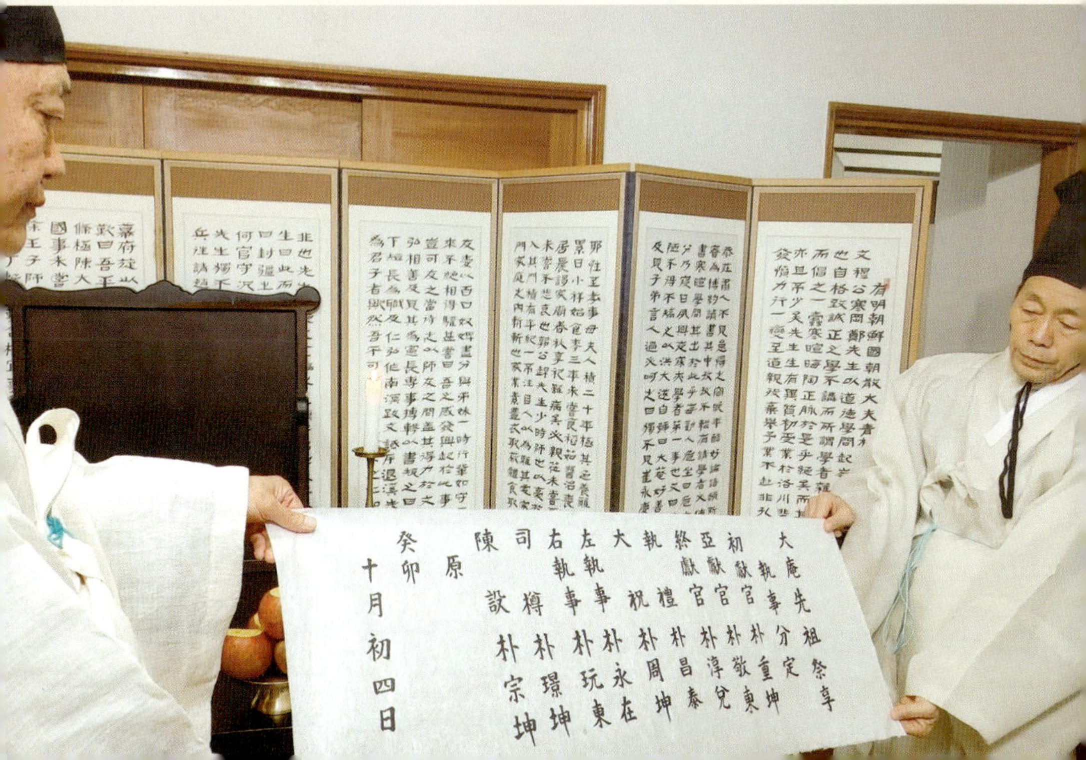

▲ 코로나 기간 동안의 묘제 봉제사(박중곤 제공)

▼ 집사분정기

긴 의자인 교의를 둔다. 앞에는 제수를 진설할 수 있는 제상인 고족상을 놓고, 그 위에 양쪽으로 촛대를 놓는다. 제상 앞 중앙에 향안을 놓고, 모사기·퇴주기·축판 등은 적절한 곳에 둔다. 향과 향로는 사당에 마련되어 있는 것을 사용한다. 사당에서 출주고사를 할 때 향과 향로를 사용하고, 제청으로 들고 와 제례에 사용한다. 2023년의 제례에는 마침 비가 와서 제청을 종택 거실에 마련했다. 비가 오지 않는 날에는 종택이 아닌 사당에 제청을 마련하고, 음식을 진설하여 사당에서 제사를 진행한다고 한다.

(2) 진설

진설은 제사 음식을 절차와 양식에 따라 제상에 배열하는 것이다. 맨 앞줄인 1열에는 과일을 놓는다. 대추·밤·감(곶감)·배·사과의 순으로 차리며 성주의 특산물인 참외와 계절 과일인 수박도 함께 올린다. 그 뒤로 문어와 홍합을 함께 담아 놓고 명태를 넣은 탕과 간장, 조기와 소고기·돼지고기·닭고기 등을 놓는다. 문어와 돼지고기는 익혀 사용하고 닭고기는 간장에 졸이거나 삶아 사용한다. 소고기를 육전으로 만들어 얹는다. 왼쪽에는 대구·명태·오징어·문어를 차례로 쌓은 포를 놓는다. 전은 나물전·산적·두부전 등을 5층으로 쌓아 올린다. 나물은 콩나물·무나물·고사리·도라지·시금치 등 다섯 가지를 갖추고 엿·약과·유과 등은 직접 만들어 층으로 쌓아 얹는다. 이상이 1차 진설이다.

2차 진설은 신주를 모셔 온 뒤에 이루어진다. 이때는 5열에

2차 진설

놓는 것을 대상으로 하는데 먼저 오른쪽 끝에 떡(편)을 얹는다. 떡은 제일 아래 본편부터 웃기까지 모두 일곱 가지를 쓴다. 본편으로 시루떡을 놓고 그 위로 찰떡·부편·송편·송기떡·모시떡, 대추 및 꽃잎으로 장식한 전, 기름에 지진 주악 순으로 9단을 괸다. 모두 집에서 만들어 상에 놓는다고 하니 그 정성이 대단하다 하겠다. 맨 가운데 밥과 국에 해당하는 메와 갱을 올리면 진설이 끝난다.

(3) 출주

출주出主는 사당으로 가서 신주를 모셔 오는 것이다. 초헌관－아헌관－종헌관－축관 순으로 제청에서 출발해 사당으로 나아가고, 나머지 참사자들이 그 뒤를 따른다. 모두 사당의 뜰 안으로 들어가면 집사가 사당 오른쪽 문으로 들어가 중앙문을 열고, 초헌관을 포함한 전원이 재배를 올린다. 이어 중앙문 앞에 제석을 깔고 초헌관이 북쪽을 향해 꿇어앉아 분향을 한다. 축관이 동쪽을 향해 꿇어앉아 신주를 받들어 출주한다는 고사를 아뢰면 초헌관은 허리를 굽혀 엎드렸다가 일어난다.

주독主櫝에 넣은 신주를 초헌관에게 전달하고, 초헌관이 신주를 받들어 나가면 사당의 문을 닫는다. 출주 후 제청으로 이동할 때는 향－초헌관－아헌관－종헌관－축관 순으로 간다.

(4) 참신례과 강신례

신주를 제청의 교의에 모시고 난 후 2차 진설이 이뤄진다. 제관과 참사자들이 자리를 잡으면 진설을 맡은 집사가 떡과 밥과 국 등의 더운 음식을 올린다. 2차 진설을 마친 후 집례는 제사의 순서를 적은 홀기를 읽으며 제사를 진행한다. 먼저 참신을 행한다. 참신은 신주에게 절하여 뵙는 것을 뜻하는데 초헌관이 손을 씻고 봉향한 뒤 앞으로 나아가 진설을 살피고 축관이 독櫝을 열면 모든 참사자가 신주를 향해 두 번 절하는 것이다.

다음은 강신이다. 강신은 하늘의 혼과 땅의 백을 제청으로 인도하는 의식이다. 향을 피우는 것은 하늘의 혼을 불러오는 것이며, 모사기에 술을 따르는 것은 땅의 백을 불러오는 의미이다. 초헌관이 신위의 앞으로 나아가 무릎을 꿇고 세 번 향을 올리면, 기다리고 있던 집사가 술을 잔에 차지 않게 조금 따른 후 초헌관에게 주고, 헌관은 그 잔을 받아서 모사기에 나누어 붓고 빈 잔을 우집사에게 돌려준 후 일어난다. 그리고 초헌관은 신주를 향하여 두 번 절하고 자신의 자리로 돌아간다.

(5) 초헌례

초헌관이 첫 잔을 신위에게 올리는 것이 초헌이다. 초헌관이 신위 앞에 나아가 무릎을 꿇고 앉으면 집사가 잔에 술을 가득 붓는다. 헌관이 잔과 잔 받침을 집사에게 주면 집사가 신위 앞에 다시 올린다. 축관이 헌관의 왼쪽에서 동향으로 꿇어앉아 축문을 청하면 독축이 이어진다. 기일을 맞아 맑은 술과 여러 음식으로 공경히 제사를 올리니 신들은 흠향하라는 내용의 축문을 읽는 것이다. 독축이 끝날 때까지 헌관은 부복하며, 헌관은 두 번 절하고 제자리로 돌아간다.

(6) 아헌례과 종헌례

두 번째 잔을 올리는 것을 아헌이라 한다. 일반적으로 아헌은 종부가 맡아 집사의 도움을 받아 초헌과 같이 잔을 올리고 사배를 드리는 것이 원칙이다. 대암의 종택에서도 대체로는 종부가 맡아 왔다고 한다. 그러나 종부가 맡기 어려울 때는 종손 다음의 근친자나 참사자 가운데 나이가 많은 사람이 맡기도 한다. 이때 절차는 초헌례와 같은데, 재배를 올리지만 축문은 읽지 않는다. 종헌은 신에게 마지막 잔을 올리는 것을 말하며, 초헌례와 같이 잔을 올리고 재배를 한다.

(7) 유식례

초헌관이 신위 앞에 나아가 꿇어앉은 뒤, 집사가 다른 술잔에 술을 조금 따라 헌관에게 주면 헌관은 받고 집사가 술을 따른다. 헌관이 술잔을 잡아 집사에게 주면 집사는 술을 첨잔하고 다음은 삽시정저揷匙正箸가 이어진다. 삽시정저는 메(밥)에 숟가락을 바닥이 동쪽으로 가도록 꽂고 젓가락을 바로 놓는 것을 말한다. 헌관이 절을 올린 뒤 일어나 자리로 돌아온다.

이제 신이 안심하고 식사를 하실 수 있게 문을 닫고 기다리는 절차인 합문을 행한다. 축관이 병풍을 닫고 모든 참사자는 부복한다. 3~4분 후 축관이 세 번 기침 소리를 내면 모두 일어선다. 축관은 식사가 끝났다는 의미로 병풍을 여는 개문을 한다.

식사 후 차나 숭늉을 마시듯 제상에 놓인 갱을 물리고 차나 숭늉을 올리는데, 이를 헌다獻茶 또는 진다進茶라 한다. 이는 『주자가례』에 보이는 의식으로, 차가 흔했던 중국에서는 당연한 의식이었지만, 우리나라에서는 차를 올리는 것이 쉬운 일이 아니었다. 그래서 차 대신 숭늉을 만들어 올리거나 숭늉의 의미로 물에

밥을 세 번 떠서 마는 것으로 이를 대신하기도 하였다.

(8) 사신례

사신辭神은 제사를 마치고 조상을 떠나보내는 의식이다. 집사가 수저를 내리고 반합을 닫는다. 축관이 헌관의 좌우에 제례가 잘 이루어졌다고 고하면 일어나 자리로 돌아온다. 헌관 이하 모두가 두 번 절한다. 이어 축관은 주독을 닫고 축을 불사르며 예를 마친다.

이어 제상에 차려진 음식을 모두 치우는 철상을 한다. 의식을 다 끝낸 후에는 참석한 사람들과 함께 음식을 나누어 먹으며 음복을 한다. 음복은 조상께서 주신 복된 음식을 참사자와 가족이 모여 나누어 먹는다는 의미가 담겨 있다. 이때까지 참사자들은 제복을 벗지 않으며, 헌관에게 먼저 음복하게 한다.

기제사 제례의 초헌初獻은 종손宗孫이, 아헌亞獻은 종부宗婦가, 그리고 종헌終獻은 제사에 참석한 사위 혹은 외손外孫 등 특별한 손님이 맡아서 하고 있다.

2) 대암종가의 별미와 종가 제례의 현대적 전환

대암종가의 제례에서 특히 주목할 만한 것은 몇 가지 특이한 가전 음식이 전수되어 오고 있다는 것이다. 흑임자(검은깨)·송화·노란 콩고물 등을 이용한 오색다과五色茶菓, 유과油菓, 약과藥菓,

전腊, 공기 구멍이 많은 엿 등이 그것이다. 콩가루를 섞은 밀가루로 홍두깨를 이용하여 칼국수를 만들어 손님의 접빈상接賓床에 올리기도 한다는 것도 인상적이다. 현재는 이처럼 잔손이 많이 가는 전통 음식 제작은 더 이상 전수되고 있지 않는다고 한다.

대암의 종가에서 봉제사와 접빈객은 여전히 소홀히 할 수 없는 일이지만 시대의 풍상을 완전히 간과할 수는 없기 때문에 현대적 방식에 맞추어 변화하고 있다. 이 점에 대해 대암종가에서는 종가가 중요한 이유는 조상님의 뛰어난 삶을 이어받는 데 중심적인 역할을 하기 때문이라는 생각을 견지하고 있다. 조상님에 대한 봉제사를 행함으로써 그 정신과 삶을 본받을 수 있고, 접빈객을 함으로써 유림의 많은 현자들과 교류하고 실제 삶을 가치 있게 유지할 수 있다고 본다. 문란하고 험한 세태에 유교적 질서를 바로잡는 일을 할 수도 있기 때문이다.

종손의 소년기에는 일족들이 모여 자정이 넘을 때를 기다려 야간에 제사를 지냈다고 한다. 그 당시에는 일족들뿐만 아니라 외지에서도 많은 손님들이 종택에 오셨고, 할머님·어머님 및 여러 집안의 안식구들이 분주하게 제사를 준비하는 것을 보기도 했다. 특히 명절 때에는 연휴 기간 내내 손님들이 오셔서 접빈객을 하느라, 종손 자신은 명절 연휴 기간 중에 처가에 인사하러 가본 적이 거의 없을 정도였다. 뿐만 아니라 명절 연휴 기간 스승님 및 동료·선배·후배들과 사적인 교류를 할 틈도 없었다고 한다. 동료 교수에게 "그렇게 사회 생활해서는 성공하기 어렵다."라는 말을 들을 정도였다.

이러한 아쉬움이 남아서일까? 현 종손은 차종손인 아들 내외에게 결혼 직후부터 명절 다음날 연휴 기간 중에 처가를 방문하도록 시키고 있다고 한다. 접빈객을 위한 종손의 노고는 여전하지만 좀 더 융통성 있는 접근이 이루어지고 있는 듯하다. 종가의 현대적 변모는 바람직하게 전환되고 있는 것이 아닌가 한다.

최근에는 도시화·근대화가 빠르게 진행되어 많은 변화가 일어나고 있다. 근래에는 명절 연휴 중에 고향에서 1박이라도 하는 집안이 아주 드물고, 대도시에 거주하면서 제사 참석을 하는 것도 쉬운 일이 아니게 되었다. 어떤 불천위 종가에서는 제사 참석 인원을 확보하기 위하여 불천위 제사를 한낮에 지낸다고도 한다.

현재 대암종가에서는 일몰을 기다려 동절기에는 오후 7시 반경, 하절기에는 오후 8시 반경에 제사를 지내서 구성원들이 최대한 제사에 참석할 수 있게 하고 있다. 현대 생활의 변천으로 인해 접빈객의 변화도 있다. 손님이 오고 가는 경우에 사전 통고 후 방문하고, 다수의 방문객이 있을 경우에는 인근의 식당으로 손님을 모시기도 한다. 이제 접빈객을 위한 음식의 준비와 접대문화도 서서히 현대적인 기풍으로 변하고 있음을 확인하게 된다.

제4장

대암종가를 지키는 사람들

1 대암 종손으로서의 삶

1) 소헌素軒이라는 호의 유래와 종손으로 살아간다는 것

소헌素軒 박중곤朴重坤(1956년생)은 대암종가의 14대 종손으로, 초등학교에 입학하기 전까지 구지면 창동 종택에서 할아버지와 할머니의 보살핌 아래 성장했다. 한문 교육 세대도 아니었고 전공도 공학이었지만 할아버지로부터 한문을 배운 덕분에 한자가 그리 낯설지 않았다. 할아버지는 인자한 성품으로 "모든 일은 노력 위에 이루어지는 것이니 항상 꾸준히 노력하여야 한다."라는 가르침을 주셨는데, 그 가르침은 현재 종손의 삶과 무관하지 않다.

진외가는 대구광역시 북구 노곡동이다. 할머니는 앞서 소개한

종손의 할아버지와 할머니(박중곤 제공)

바와 같이 충의忠毅 백촌栢村 김문기金文起의 후예로 강골이셔서 아직까지도 여장부로 기억된다고 한다. 하지만 어린 손자의 행동을 모두 이해하려 하셨고 한없이 인자하셨다. 또 이웃에 대하여는 공동체를 이끌어 가는 포용성을 보여 주셨다. 종손은 유아기·소년기 때 두 분으로부터 끈기·포용·내강內剛·인자함을 체험적으로 배울 수 있는 기풍을 보았다고 한다.

선부군이신 금계공錦溪公 박찬규朴燦奎는 사치하지 않고 검소함을 강조하였는데, 평생 근면과 성실을 몸소 실천함으로써 자녀를 교육하였다고 한다. '소헌素軒'이라는 종손의 호는 그러한 정신의 소산이다. 어머님은 청주정씨로 한강 정구의 후예이며 고

종손의 외할아버지와 외할머니(박중곤 제공)

향이 성주군 수륜면修倫面 갓말이다. 평소 유학의 법도를 엄히 가르치고 실천하였다고 한다. 그 결과 종손은 부모님으로부터 근면과 성실은 물론 전통적인 유학의 정신을 자연스럽게 배울 수 있었다고 한다.

종손은 기본적으로 모든 면에서 종중 구성원의 중심이 되고 리더가 되어야 한다. 언행이 진중해야 하고 그에 따른 덕목도 길러야 한다. 장남이자 장손으로서의 덕목도 간과할 수 없다. 포용과 양보도 항상 강조되는 것이다. 외조부께서 지어 주신 '중곤重坤'이라는 이름에는 바로 이런 뜻도 담겨 있다고 한다.

종손은 중고등학교나 대학교 때까지도 친구들과 싸우거나

다투지 않고 참도록 교육을 받았다. 이 때문에 남과 다툴 수 있는 힘이나 자신의 주장을 논리적으로 강하게 피력하거나 방어할 수 있는 능력을 중년에 들어서서야 비로소 터득할 수 있었다고 한다. 종손으로서 종중에서 품위를 유지하면서 온전히 그 성품을 완성시켜 나가는 것이 과히 쉽지만은 않은 일이었던 것이다.

2) 종손의 결혼과 가족 경영

종손은 대학을 서울에서 다녔다. 시골의 보수적인 분위기와 달리, 서울에서는 개방되고 선진화된 사람들을 많이 만날 수 있었다. 그러나 부모로부터 종손이 가져야 할 덕목에 대해 더욱 깊은 가르침을 받으면서, 스스로가 종손이라는 의식이 내면에 깊이 자리 잡고 있었다. 이 때문에 무의식중에도 부모님이 정해 주시는 명문가의 여성을 배필로 삼아야 한다고 생각했다고 한다.

종손은 몇몇 여성분들과 선을 보았으나 까다로운 부모님의 기준으로 어려움을 겪었고, 결국 고모부님이 중매해 주신 분과 결혼하게 되었다. 그분은 광주노씨로 옥촌沃村 노극홍盧克弘의 후예였으며, 그분의 부친인 장인어른이 7대 주손이었다. 종손은 당시 학위 과정의 막바지로 바쁜 와중에도 그분과 1년간 사귀다 혼인하였다.

종손은 2남 1녀를 두었는데 자녀를 기르면서 상대방의 인격을 존중하라고 가르쳤다. 주자의 시에 "소년은 늙기 쉽고 학문

종손의 대학 시절(박중곤 제공)

종손의 결혼식(박중곤 제공)

은 이루기 어려우니 잠깐의 시간도 가벼이 여길 수 없다.[少年易老學難成, 一寸光陰不可輕.]"라는 구절이 있듯, 종손은 자녀들에게 젊을 때부터 열심히 공부하여 지적으로나 인격적으로 내실을 단단히 하라고 가르쳤다. 자신의 어린 시절을 돌아보며 지나치게 그 내용을 강조하지는 않았지만, 종가의 후예로 살아가는 기본적인 품위는 지켜 주었으면 하는 바람을 늘 가지고 있다.

요즘은 이전보다 상대적으로 긴 수명을 누린다. 그렇기 때문에 노후까지도 인격적으로 존중받고 품위를 유지하기 위해서는 품위 유지를 위한 일정한 비용이 필요하다. 종손은 검소를 강조하고 저축을 권장하며 재산의 증식에도 관심을 가져야 한다고 가르쳤다. 이는 자본주의를 살아가는 현대인의 삶의 형태를 존중하는 종가의 모습일 것이다.

연륜이 쌓이면서 자연과학·공학의 지식과 유학의 정신은 우리 삶에 함께 공존해야 하는 삶의 방편이자 가치라는 것을 알게 되었다. 유학의 정신이 깃들 육신은 다름 아닌 바로 이곳 현대의 생활세계, 그 삶의 구체적인 국면이기 때문이다. 이러한 각성은 종손의 정체성 인식을 좀 더 성숙하게 만들었으며, 공학을 연구한 것이 오히려 유학의 가치를 깊이 이해하는 국면이 되기도 했다.

종손으로서 지켜야 할 덕목과 엄한 규율·사명감 등이 항상 행동에 반영되어, 그 스스로 심적인 부담을 느끼며 성장한 것은 어쩔 수 없이 받아들여야 하는 종손의 운명이다. 그러나 종손도 인간이므로 모든 일을 완벽하게 해 나갈 수는 없는 것이다. 종손은 종가와 종손의 역할 및 임무도 시대의 변화에 발맞추어야 한다는 것을 받아들였다. 그러한 마음의 여유를 가지게 되면서 심적 부담을 한결 덜게 되었다고 한다.

3) 종손으로서의 삶의 보람

종가의 종손으로 사는 삶의 보람은 어떠한 면에서 찾을 수 있을까? 종손은 종가의 현조가 되는 대암의 삶에 대해, 대암이 학문에 힘쓰면서 나라가 어려움에 처했을 때 기꺼이 나서서 나라를 지켰기에 많은 사람의 존경을 받을 수 있었다고 평가한다. 그리고 그와 같은 훌륭한 삶을 살아간 조상의 후예로서 뿌듯한 자긍심을 가진다고 한다. 또 그러한 전통을 지닌 종가를 계승하는 종손으로서, 그 중심을 잘 지키고 있다고 느낄 때 보람이 있다고 한다. 아울러 종중의 행사를 기획하고 주관하면서 조금이라도 종손으로서 할 일을 하고 있다고 자각할 때 스스로 보람을 느낀다고 한다.

한편 종손은 요즘의 문란하고 험한 세태에도 어긋나지 않는 자녀들의 바른 삶을 보면서도 보람을 느낀다고 했다. 특히, 자연스럽게 체득되는 전통적인 양반들의 삶의 자세, 이를테면 돈 많은 사람 앞에서 비굴하지 않고, 돈 없는 사람 앞에서 사치하지 않으며, 귀한 위치에 있다고 교만하지 않는 선비 및 대부·원로의 생활을 하고 있다고 스스로 느낄 때 보람을 느낀다고 했다. 명

대암 선생 불천위 제사

대암 선생 불천위 제사

가의 종손으로서 자연스레 체득된 사대부 집안의 격조일 것이다.

종손은 종가의 제례에 불천위를 모시고 있으면서 그것이 잘 관리되길 기대한다. 구성원들이라면 모두 조상의 얼을 기리는 행사에 꼭 참석하여야 함을 강조한다. 그래서 구성원들이 많이 모이지 못하는 경우에는 간접적으로라도 제사에 모두가 참여할 수 있도록 노력하고 있다. 도시에서 직장생활로 바쁜 구성원들을 위해서는 제사 전에 전화하여, 제사 시간을 알려 주고 망배하라고 일러 준다고 한다. 대체로 그들은 의관을 갖추고 그 시간에 불천위 사당을 향하여 망배를 올린다.

▲ 대암 선생 신주봉환식(박중곤 제공)

▼ 종중회의(박중곤 제공)

대암 선생 흉상 제막식(박중곤 제공)

종손은 소개하고 싶은 선조로 대암大庵 선생을 제시했다. 대암이 부모에게 행한 효도와 임진왜란 중에 행한 치적은 대암의 문집인 『대암집』에 잘 수록되어 있는데, 이 문집은 문중의 노력으로 2011년에 『국역대암선생문집』으로 발간되었다. 다른 종손·종부들의 일상생활 역시 대체로 모범적이었다. 종손이 직접 경험한 할아버지와 할머니의 경우는 앞에서 그 일부를 선보인 바 있다.

4) 종가 문화와 그 전승을 위한 당부

종손은 종가 문화의 전승을 위해 적지 않은 고민을 가지고 있다. 급변하는 세상에서 옛날의 전통방식이 고스란히 유지되거나 계승되는 것은 불가능할 것이라는 전망 때문이다. 우리나라 역사를 통해 알 수 있듯 개화 초기에는 단발하지 않고 상투를 고집하며 산중에서 생활하는 사람도 있었다. 하지만 상투를 자르고 단발하는 것이 시대의 거대한 변화여서 거부할 수 없었던 것처럼, 변화의 시대에는 변화에 조응하고 생존하면서 전통을 살리려는 노력이 중요하다.

대암 종손은 전통시대 유학의 큰 가치였던 충효인의忠孝仁義 등의 덕목이나, 특히 종가에서 강조되어 온 접빈객接賓客·봉제사奉祭祀의 개념을 잘 살려, 그 정신을 잘 유지하면서도 구체적인 실천 방법에 대해서는 시대에 잘 맞추어 계승할 필요가 있다고 판단한다. 제사와 묘사墓祀 등의 문화와 전통 역시 잘 계승할 수

문중 유학 관련 세미나 참석(박중곤 제공)

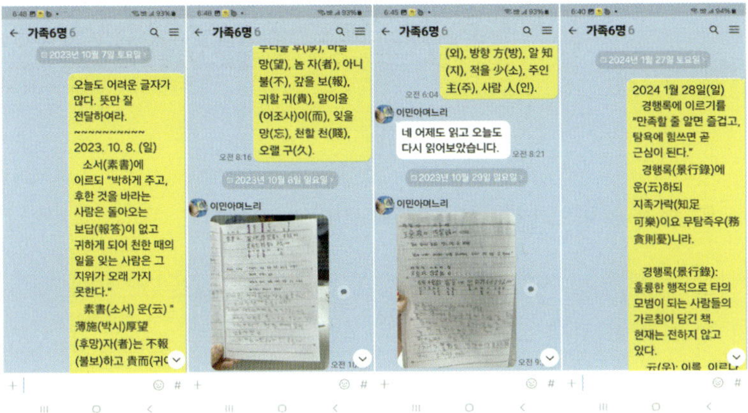

『명심보감』을 공부하는 대암종가 단체 채팅방(박중곤 제공)

있는 다양한 방안을 강구하고 창출하여, 그 정신을 계승할 것을 요청한다. 일시와 장소의 변화도 필요할 것이다. 다만 모든 행사의 중심은 불천위 사당과 종택이 되어야 한다는 것이 바뀌어서는 안 되는 기준이라 여긴다. 접빈객의 문화와 관련하여, 사회의 발전상에 따라 명망 있는 종중을 중심으로 모임을 다양하게 구성하고, 유학 관련 세미나나 유림의 유적을 탐방하는 모임을 활성화시키는 것도 하나의 방안이 될 수 있을 것이라고 조언한다.

종손은 멀리 떨어져 있는 가족들을 위하여 카카오톡에 단체 채팅방을 개설하였다. 이 채팅방에서 손자와 가족들에게 매주 『명심보감』의 한 구절을 공유하는 등 다양한 공부를 하고 있다. 종손은 이처럼 다양한 방법을 적극적으로 고안하고 창출하여,

전통의 정신이 계승될 수 있는 방안을 꾸준히 제시해야 한다고 판단하고 있다.

5) 종가 문화의 현대사회에서의 기여와 가치

종가 문화는 지역사회에 어떻게 기여할 수 있을까? 이에 대하여 종손은 예전에 서원이 향촌 사회에서 유학적 질서를 유지하는 기능을 했던 것처럼, 종가가 서원과 유사한 역할을 할 수 있을 것으로 기대했다. 이를테면 참된 양반의 자세를 실천함으로써 향촌 문화의 진작에 기여할 수 있을 것이라는 기대이다. 요즘의 문란하고 험한 세태를 조금은 진정시킬 수 있는 역할을 자임한 것이다.

잘 살펴보면 종택과 종가 문화는 하나의 무형 자산으로 전통문화를 고스란히 간직한 원형질을 많이 내포하고 있다. 그렇지만 가문 내에서 폐쇄적으로 영위될 경우, 단지 한 가문의 문화 자산에 그칠 우려도 없지 않기 때문에 좀 더 적극적인 개방성이 요청될 것이다. 물론 이를 위해서는 종중의 구성원이나 일족이 아니라 하더라도 지역사회 인사들을 불천위 제사나 종가 행사에 초청하여, 전통문화의 정신과 그 문화적 분위기를 공유하는 행사를 하는 등 다각적인 접근이 필요할 것이라는 제언이다.

현재 종손은 315위位의 임란의병壬亂義兵을 모신 임란호국壬亂護國 영남충의단嶺南忠義壇 보존회의 감사를 맡고 있으며, 감사

임란호국 영남충의단 보존회 행사(박중곤 제공)

사망정 낙강칠현 채례회 음복(박중곤 제공)

로서 의병의 날 행사나 향사에 참여하고 있다. 이뿐 아니라 명문 유림들의 모임인 영종회嶺宗會·삼무회三無會·회우계會友契·공산회公山會 등에 회원으로 참석하여 교류하면서 유학을 체험하고 유림문화의 유적을 탐방하고 있다. 임진왜란 직전 고령군 낙동강 유역의 유학자 7인을 모시는 낙강칠현洛江七賢 채례회采禮會에 참석하여, 각 문중의 후손들과 함께 어른들의 정신을 되새기고 이어 가고 있다. 계승해야 할 전통의 가치는 정신으로만 존재하는 것이 아니라 구체적이고 꾸준한 활동을 통해 이어질 수 있는 것이다. 그런 점에서 종손의 이 같은 활발한 사회활동은 전통문화의 전승과 종가 문화의 계승에 실질적인 기여를 할 수 있을 것이다.

이뿐 아니라 종손은 자라나는 세대의 공부와 견문이 중요하다고 판단하여, 『소년한국일보』를 구지초등학교에 매주 10부씩을 기부하고 있다. 장차 여력이 생긴다면 서원 등을 활용하여 위에 기술한 바를 실행해 보고자 하는 의지도 있다.

궁극적으로 종가 문화는 그 문화의 전승을 자임하는 종택과 종손으로부터 비롯되어, 그 문화에 공감하는 이들을 넓혀 나가는 것이 형세상 자연스러운 것이다. 그런 점에서 이와 같은 종손의 다양한 활동과 포부는 종가 문화가 사회에 더욱 긍정적으로 기능하고 확산하는 데 일조할 수 있을 것이다.

6) 종손으로서의 자의식과 종가 문화에 대한 전망

종손은 제사일이 다가와 선산을 방문할 때, 족보를 펼쳐 일가의 친척과 혼맥을 찾고 그 일족의 뿌리를 찾아보면서 종손으로서의 책무를 느낀다고 한다. 아직 종손을 맡은 지 3년이 지나지 않아 그 공부가 미진하다고 스스로 생각하고 있지만, 화학공학이라는 전공과 대학교수로서의 경력을 살려 다른 업무에 지원할 때나 어떤 중요한 결정을 내려야 할 때에 항상 종중의 운영을 먼저 생각한다고 한다. 종중의 일과 종손으로서의 책무를 늘 어떤 일을 선택할 때의 중요한 기준으로 상정하고 있는 것이다.

종손은 유학의 전통 계승과 현대화가 미래에 꼭 필요하다고 생각한다. 종택을 지키고 종가를 보존하는 임무를 자임한 종손으로서 이 책에 종가의 역사와 관련한 내용이 반영되길 바라는 것은 그러한 기대의 한 측면이다. 이를테면 종손은 임진왜란과 대원군의 서원 훼철, 일제강점기, 한국전쟁을 거치면서 종가가 어떻게 변모해 왔는지를 서술해 주길 기대했다. 아울러 '조국 근대화'라는 급격한 변화의 여정을 지나면서 종가가 전통문화를 계승하면서도 얼마나 빠르게 능동적으로 현대화에 적응했는지를 잘 서술해 달라고 요청했다. 이는 종가의 현대화 노력과도 무관하지 않은 것으로, 앞으로 대암종가가 중요한 참고 사례가 될 수 있기를 희망한 것이다.

전문화되고 글로벌화되는 시점에 종가의 후손들 역시 각자의 역량으로 국가와 사회에 이바지하고 있다. 시대의 변화에 적응하

한국국학진흥원에 목판 기탁(박중곤 제공)

면서 종가 문화의 전통과 그 정신을 잘 발휘할 수 있는 다양한 방안이 제시되길 기대하는 것은 종택과 종가를 지키는 사람들의 공통된 바람일 것이다. 대암종가 역시 그러한 기대를 가지고 착실하게 종가 현대화의 길을 걷고 있다.

7) 종손의 활동과 종가의 현대적 의미

종가와 종손의 의미도 시대의 변화에 따라 크게 변모하고 있다. 대암종가의 경우 13대 박찬규 종손께서 오랜 공직 생활을 바탕으로 종가 활동의 현대적 계승의 맥락을 어느 종가보다도 잘 실현한 바 있어 앞서 그 활동을 소개한 바 있다. 그 의미가 매우 심장한 측면이 있다. 아울러 현 14대 종손인 박중곤 교수는 국가거점국립대학의 교원으로서 그 어느 종가보다도 사회와 국가에 기여하는 일원이자, 교양 있는 지식인으로서의 선비상을 현대적 의미로 잘 실현하고 있어 주목할 만한 점이 있다.

현 종손의 사회적 활동에 대해 그 개략을 살펴보고 종가의 종손으로서의 의미는 무엇인지 다시 한 번 짚어 보기로 한다.

(1) 화학공학회의 원로

대암종가의 종손인 박중곤 교수는 화학공학을 전공한 공학도이다. 종손의 학술적 역량은 한국화학공학회 활동에서 더욱 빛을 발했다. 그는 이 학회에서 학술이사, 편집이사, 기술정보지

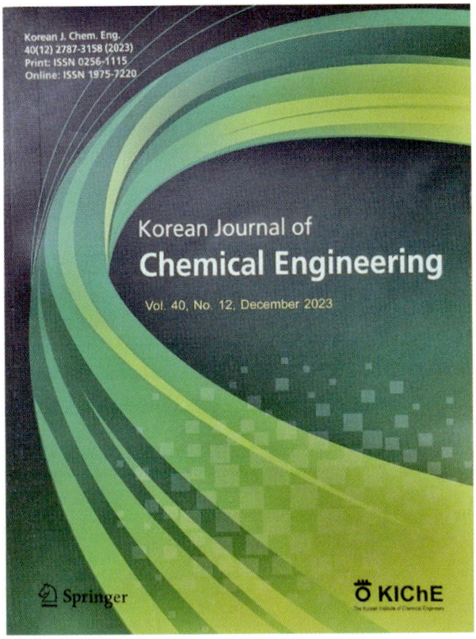

한국화학공학회 영문학술지(박중곤 제공)

편집장, 영문학술지 편집장, 감사를 역임했으며, 한국학술진흥재단의 PM(한국연구재단 전문위원(RB)과 유사), 한국연구재단의 화학공학 책임전문위원(CRB)을 역임하고 한국연구재단의 기초연구본부 공학단장을 2년간 수행하기도 했다. 명실공히 한국 화학공학 분야의 원로인 셈이다.

정년퇴임을 즈음하여 2021년 1월부터 2022년 1월까지 기초과학지원연구원(KBSI)에서 관리하는 교육부기초과학연구역량 강화사업의 평가위원장을 성실히 수행하여 정년퇴임 후에도 원활하게 직무를 수행하기도 했다.

종손의 학술연구와 학술지 관리 역량이 가장 도드라지게 드러난 것은 한국화학공학회 영문학술지 편집장을 8년간(2009~2016) 역임하면서 열정적으로 봉사하여 영문학술지의 국제적 위상을 높였다는 것이다. 영문학술지의 IF를 2008년 0.830에서 2016년 2.007로 높였으며, 화학공학회가 Springer 출판사로부터 받는 연간 로열티(매년 영문학술지 논문 판매 순수익의 일정 비율)를 2008년 2055만 원에서 2016년 9453만 원으로 증액시키는 등 영문학술지의 비약적인 성장을 이루었다. 영문지 투고 논문 수를 연간 600여 편에서 연간 1700여 편으로 늘리고, 논문 투고자 및 심사자의 다변화를 꾀하여 투고자 및 심사자의 국가 수를 60여 개국으로 늘렸다. 이러한 공로로 2017년 한국화학공학회로부터 학회 최고의 상으로 인정받는 공로상을 수상하기도 했다.

종손의 학술 분야에서의 역량은 학술지의 세계적인 수준으로의 도약에 그치지 않는다. 종손은 세계적인 학회를 유치하여 성공적으로 수행하기도 했다. 1960년 로마에서 1차 대회 개최 후 대륙간 순회 개최되는 IBS2012(제15차 세계생명공학대회)를 대구시에서 개최되도록 하는 데 기여하였고, 2012년 9월 18일부터 21일까지 대구에서 열리고 2300명(외국인 1000명 이상)이 참가한 IBS2012의 조직위원회 지역위원장으로서 일익을 담당하기도 했다.

(2) 학술적 역량의 상세한 면모

학술 분야에서 종손의 성취는 그 디테일을 좀 더 세심하게 볼 필요가 있다. 종손은 한국화학공학회 '기술정보지' 편집장을 2년간 역임하는 동안 '특별기획', '지상강좌', '하이라이트' 등의 칼럼을 개발 및 운영하여 연구에서의 구체적인 기획의 역할을 신장시켰다. 그 과정에서 연구 수요, 기술 예측, 연구 동향을 조사하고 분석한 효율적인 능력을 동료 연구자들과 학계에 널리 인정받기도 했다.

학술 관련 업적을 보면 2008년 한국과학기술단체 총연합회로부터 '과학기술우수논문상'을 수상하였으며, 과학기술진흥을 통하여 국가발전에 이바지한 공로로 2013년 '대통령 표창'을, 2021년 녹조근정훈장을 수상하기도 했다. 교육 학술 및 연구개발지원사업 관리업무의 수월성을 인정받은 것이다. 현재 한국공학한림원 회원으로 활동하고 있는바, 그의 학술적인 수준은 이미 학계의 정평을 얻고 있다.

대학의 연구자로서, 또 학생을 이끌고 지도해야 하는 교수자로서 종손의 역량은 탁월한 바가 있었다. 지방특성화(CK)사업을 위하여 6개 학과 및 전공 교수 47명, 재학생 1318명이 참여하는 '미래산업소재 사업단'을 구성하고 단장으로서 과제를 기획하여 치열한 경쟁을 통해 2014년 중형 사업단으로 선정되었으며, 2017년 2월에 한국연구재단 공학단장으로 취임하기까지 3년간 사업단장으로서 성공적으로 운영한 경험이 있다. 학술분과에서의 규모 있는 활동은 큰 집안의 종손으로서의 시야와 책무감과도 무관하지 않을 것으로 생각된다.

(3) 지역의 특성화와 유관한 연구사업의 총책임자

이 가운데서도 영남지역의 학문 특성화와 유관한 지방특성화(CK)사업은 지역사회의 수요와 특성을 고려한 강점 분야 중시의 대학 특성화 사업이다. 궁극적으로 대구와 경북지역 대학의 체질 개선을 유도하는 사업이다. 이 사업단의 지역사회에서의 의미는 자동차·조선·항공·반도체·디스플레이·환경에너지·바이오 의료 산업 등의 원료가 되어 고부가가치 창출의 핵심이 되는 산업인데 더욱이 종손이 몸담은 경북대학교는 구미·포항·창원·울산 등 관련 산업단지의 지정학적 중심에 위치하고 있어 그 시너지가 더욱 큰 학문 단위이다.

이 사업은 경북대학교의 소재 관련 학과(전공)인 화학공학·응용화학·금속소재·전자재료·섬유시스템·환경공학 전공으로 교수 47명, 학부생 1318명으로 본 사업단을 꾸려 교육환경 개선, 전공 간 교차 교육, 현장 산업교육, 연구교육, 국제적인 교육을 통하여 높은 식견과 포괄적인 소재 지식을 갖춘 국가 인재를 양성하고자 한 기획으로 창의적인 학문 후속세대를 양성하여 국가 발전에 이바지하려 한 것이다. 국가의 미래를 위한 웅대한 기획은 대암이 임란의 와중에 국가의 미래를 생각하며 민중들의 좀 더 나은 삶을 꿈꾸었던 것과도 완전히 무관하지는 않은 것이다.

전통적인 학문이라기보다는 차라리 첨단의 현대 학문에 가까운 화학공학을 전공한 종손은 자신의 학문과 종손으로서의 가치를 하나의 인격 내에 공존시켜야 하는 숙제를 숙명처럼 가지게

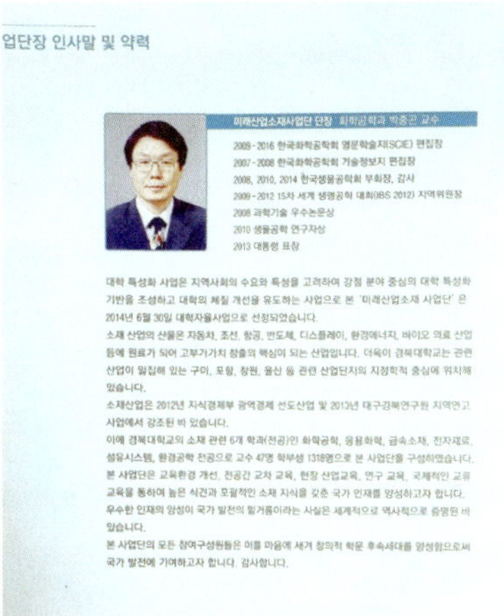
업단장 인사말 및 약력

미래산업소재사업단 단장 화학공학과 박종곤 교수

2009 - 2016 한국화학공학회 영문학술지(SCIE) 편집장
2007 - 2008 한국화학공학회 기술정보지 편집장
2008, 2010, 2014 한국생물공학회 부회장, 감사
2009 - 2012 15차 세계 생명공학 대회(IBS 2012) 지역위원장
2008 과학기술 우수논문상
2010 생물공학 연구자상
2013 대통령 표창

대학 특성화 사업은 지역사회의 수요와 특성을 고려하여 강점 분야 중심의 대학 특성화 기반을 조성하고 대학의 체질 개선을 유도하는 사업으로 본 '미래산업소재 사업단'은 2014년 6월 30일 대학자율사업으로 선정되었습니다.
소재 산업의 산물은 자동차, 조선, 항공, 반도체, 디스플레이, 환경에너지, 바이오 의료 산업 등에 원료가 되어 고부가가치 창출의 핵심이 되는 산업입니다. 더욱이 경북대학교는 관련 산업이 밀집해 있는 구미, 포항, 창원, 울산 등 관련 산업단지의 지정학적 중심에 위치해 있습니다.
소재산업은 2012년 지식경제부 광역경제 선도산업 및 2013년 대구경북연구원 지역연고 사업에서 강조된 바 있습니다.
이에 경북대학교의 소재 관련 6개 학과(전공)인 화학공학, 응용화학, 금속소재, 전자재료, 섬유시스템, 환경공학 전공으로 교수 47명 학부생 1318명으로 본 사업단을 구성하였습니다.
본 사업단은 교육환경 개선, 전공간 교차 교육, 현장 산업교육, 연구 교육, 국제적인 교류 교육을 통하여 높은 식견과 포괄적인 소재 지식을 갖춘 국가 인재를 양성하고자 합니다.
우수한 인재의 양성이 국가 발전의 밑거름이라는 사실은 세계적으로 역사적으로 증명된 바 있습니다.
본 사업단의 모든 참여구성원들은 이를 마음에 새겨 창의적 학문 후속세대를 양성함으로써 국가 발전에 기여하고자 합니다. 감사합니다.

사업단장 인사말

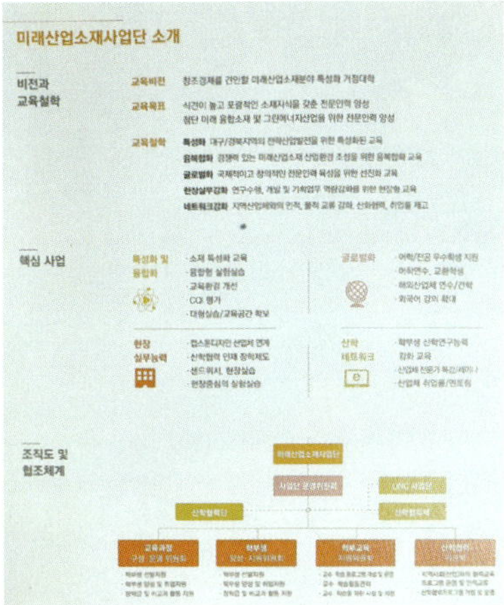
미래산업소재사업단 소개

비전과 교육철학

교육비전 창조경제를 견인할 미래산업소재분야 특성화 거점대학
교육목표 식견이 높고 포괄적인 소재지식을 갖춘 전문인력 양성
첨단 미래 융합소재 및 그린에너지산업을 위한 전문인력 양성
교육철학 특성화 대구/경북지역의 전략산업발전을 위한 특성화된 교육
융복합화 경쟁력 있는 미래산업소재 산업환경 조성을 위한 융복합화 교육
글로벌화 국제적이고 창의적인 전문인력 육성을 위한 선진화 교육
현장실무강화 연구수행, 개발 및 기획업무 역량강화를 위한 현장형 교육
네트워크강화 지역산업체와의 인적, 물적 교류 강화, 산학협력, 취업률 제고

핵심 사업

특성화 및 융합화
· 소재 특성화 교육
· 융합형 실험실습
· 교육환경 개선
· CQI 평가
· 대형실습/교육공간 확보

글로벌화
· 어학/전공 우수학생 지원
· 어학연수, 교환학생
· 해외산업체 연수/견학
· 외국어 강의 확대

현장 실무능력
· 캡스톤디자인 산업체 연계
· 산학협력 인재 장학제도
· 샌드위치, 현장실습
· 현장중심의 실험실습

산학 네트워크
· 학부생 산학연구능력 강화 교육
· 산업체 취업률/멘토링

조직도 및 협조체계

미래산업소재사업단

미래산업소재사업단 소개

되었다. 종손으로서 알아야 할 영남 지역의 유풍이라든가 유학에 대한 가르침 같은 것은 어르신들로부터 틈틈이 익힐 수밖에 없었다.

자연과학이나 공학은 하루가 다르게 발전하면서 사회와 국가 발전의 근간이 되고 있다. 종손은 근대사와 유럽의 역사가 과학기술에 의해 얼마나 영향을 받았는지를 공부하면서, 동시에 유교에 기반한 양반사회인 조선의 역사가 어떻게 변모하였는지를 공부했다. 자연과학이나 공학에 대한 공부는 종종 유학이 현대의 생활세계와 괴리되는 면모를 확인하는 과정이기도 했다. 공학과 과학 분야의 인재들이, 전통 유학자들이 진행했던 묘사墓祀가 무엇인지 어떻게 알 수 있겠는가!

▲ 화학공학 관련 세미나 참석(박중곤 제공)

▼ 영남 지역 유학자 묘제 참석(박중곤 제공)

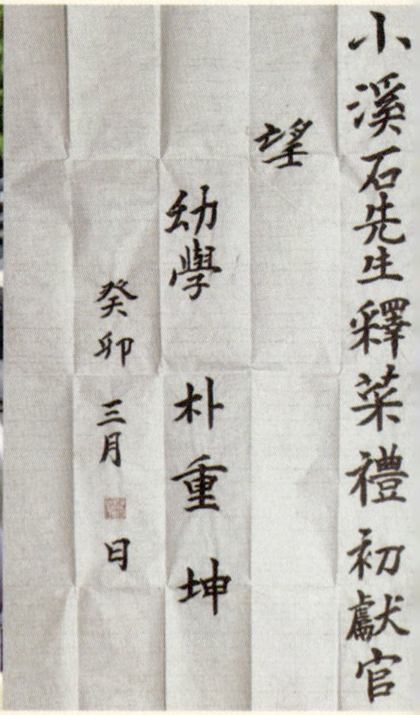

대암종가를
지키는 사람들

2 대암 종부로서의 삶

대암종가의 종부는 대암종택의 살림을 운영하는 실질적인 종가의 운영자이다. 종부의 삶은 종가가 향후 어떻게 운영될 수 있을지에 대한 하나의 시금석으로서 큰 의미를 가진다. 종부의 가정환경에서부터 혼인의 과정과 종가를 운영하는 원칙 등을 두루 경청해 보면 종가의 현재와 미래를 가늠해 볼 수 있다. 종부는 그 종가의 안방과 창고를 책임지는 역할을 한다. 그러므로 종부의 혼인은 한 개인의 혼인이라기보다는 집안과 집안의 혼사라는 말이 무색하지 않을 정도로, 그 혼인의 내력이 층층이 진중하다.

1) 종부들의 가정 배경과 결혼

노종부의 친정아버지는 앞서 소개한 것처럼 청주정씨淸州鄭氏 한강寒岡 정구鄭逑의 후예이다. 고향은 성주군 수륜면 갓말이며, 한학에 조예가 깊었고 붓글씨를 잘 썼다. 무흘구곡武屹九曲에 있는 무흘정사武屹精舍가 예전에 중건됐을 때에 정구를 기리는 상량문上樑文을 썼으며, 중곤重坤이라는 종손의 이름을 작명하신 분이기도 하다. 노종부에게 포용과 유학의 법도를 엄히 가르쳐, 문중을 뒷받침하는 종부의 마음가짐을 가르쳐 주신 분이다.

현 종부의 친정아버지는 광주노씨 옥촌 노극홍의 7대 주손이다. 종부의 친정어머니는 밀양박씨 행산공파의 후예인데, 친정어머니의 외가는 하양허씨河陽許氏이다. 친정아버지는 문중 전체의 생활 향상을 위해 노력했다. 자수성가한 분이셨는데 사람들과 좋은 관계를 이루며 어울릴 것을 강조하였다. 종부의 회고에 따르면 친정아버지는 너무나 검소하셔서, 사실 많은 성공을 이루셨는데도 평생 한 번도 메이커 신발을 신으신 적이 없었고, 양복도 서문시장 같은 데에서 사서 입고 다니셨다고 한다. 친정어머니는 여장부였다고 한다.

차종부의 친정아버지는 고성이씨固城李氏 참판공參判公의 29대 손이며, '모든 일에 최선을, 목적 있는 행동을, 후회 없는 생활을'이라는 가훈 아래 성실함을 강조하였다고 한다.

집안과 집안의 혼사라는 전통적인 결혼관이 점차 줄어들고 있는 이때에, 명가의 혼인과 그 내력은 결혼이 여전히 인륜의 큰

김천 무흘정사(박중곤 제공)

일임을 보여 준다. 동시에 결혼을 한다는 것이 한 개인의 삶의 여정을 넘어, 유구한 전통을 지닌 두 집안끼리의 깊은 유대관계를 의미한다는 사실을 일깨워 주는 하나의 지표로 인식될 수 있을 것이다.

여느 집안이 아니라 한 종가를 책임지는 종부가 된다는 것은 큰 결심이 필요한 일일 수도 있다. 그런 점에서 종부들이 결혼에 이르는 과정은 많은 관심을 끌 만하다.

노종부의 경우, 그 시절은 부모님이 상대 집안을 보고 맞추어서 배필을 정해 주시면 혼인을 하던 시절이었다. 한강 정구와 대암 박성이 예전에 친교가 깊었던 사이라 기대가 높았다고 한다.

김천에 있는 무흘정사의 최근 중건(박중곤 제공)

친정에서 생활하고 배운 법도대로 하면 문제가 없을 것으로 생각하였으며, 부모님께서는 평소 생활하고 배운 대로 시부모님을 잘 모시면서 종손을 잘 뒷바라지하여 문중을 빛나게 하라고 말씀하셨다고 한다. 전통적인 방식으로 결혼하고, 유교 경전인 『시경』에서 말했듯 그 집안을 화목하게 하는 종부로서의 역할을 스스로 인식하고 또 잘 받아들인 경우로 이해된다.

종부의 경우도 집안의 내력이 결혼 과정에서 중요한 자원이 되었다. 집안의 일가 어른이 종손의 고모부와 연결되어 선을 보고 혼인을 하게 되었다고 한다. 신랑의 집안이 대단한 명문가로 알려져 있고 종손의 인품도 훌륭해 보여 쉽게 혼인을 결심했다. 결혼 전 교사로서 사회적 위치도 없지 않았음에도 종부로서의 삶에 투신한 것이다. 친정도 광주노씨의 7대 주손이라 크게 어려운

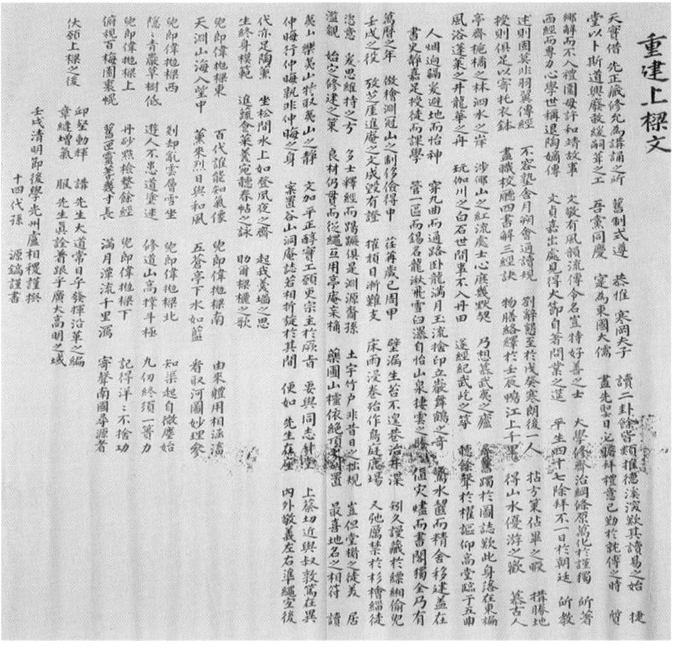
重建上樑文

무흘정사 상량문(박중곤 제공)

점이 없을 것으로 생각하였지만, 종부로서 잘하라는 다짐을 부모님으로부터 몇 번이나 받았다고 한다. 종부의 친정에서는 '진인사대천명'이니 '항상 참아라'고 말씀해 주셨다고 한다. 종부 역시 젊었을 때는 잘 몰랐고, 살다 보니까 그게 어떤 의미인지 지금쯤 깨달아진다고 하니 그 과정을 헤아릴 만하다. 결론적으로 여전히 집안과 집안의 혼인이라는 전통시대의 결혼관에 충실하게 호응하는 결혼의 과정으로 이해된다.

차종부의 경우는 이와는 다소 다른 경로로 결혼에 이르렀다.

차종부는 차종손과 초등학생 때 짝이었는데, 성인이 되어서 우연히 재회하여 친구로서 정을 쌓다가 서로에 대한 믿음으로 부부의 연을 맺게 되었다고 한다. 집안 가족들에 의해 소개받아 한 결혼이 아니라 그야말로 진정한 연애결혼을 한 것이다. 결혼을 앞두고 친정 부모님께서 종가는 일반 집과는 다르다며 잘 해낼 수 있겠느냐고 물으신 이유를 충분히 납득할 수 있겠다. 결혼 이후의 삶이 분명 일반 집과는 차이가 있을 것이라고 짐작할 만하기 때문이다. 차종부는 열심히 배우고 노력하는 자세로 임하겠다고 답했다고 한다. 종가의 제사가 있던 날 차종부는 자녀를 잘 다루면서도 누구보다도 싹싹하게 손님들을 맞으며 자신의 임무를 능숙하게 수행했다. 열심히 배우고 노력하는 자세로 임하겠다는 다짐이 이처럼 잘 발휘되고 있다.

2) 종부들의 마음가짐과 애환

종부들의 삶은 여느 집안 며느리들의 삶과 동일하다고 말하기는 어려울 것이다. 주위의 여망이나 기대를 온전히 감당하면서 유구하게 전승되는 종가의 전통을 잘 물려주어야 하기 때문이다. 종가에 딸을 시집보내는 친정에서도, 또 종부를 맞이하는 시가에서도 큰 기대와 수고에 대한 안쓰러움을 안고 종부를 맞았을 것이고, 앞으로 종부가 살게 될 종가의 가풍이나 문화에 대해 종부에게 한마디 하지 않았을 리 없다.

노종부께서는 이미 쟁쟁한 명가의 후예라, 종부에게 "명예를 중시하고 화목하라."라는 말씀 외에 달리 더 특별히 당부하신 말씀은 없었다고 한다. 노종부의 시어머니는 친정이 큰 양반으로, 대구광역시 북구 노곡동에 있는 충의공 백촌 김문기 공의 후예이다.

종부는 혼인하기 전까지 일선 고등학교에서 교편을 잡고 있었다. 시부모님은 전통문화를 잘 지키고 인내하며 살아야 한다고 말씀하셨고, 증조모님과 동일하게 명예를 중시하고 화목하게 살아가라고 말씀해 주셨다고 한다.

차종부는 이제 종부의 가르침을 받았을 터이다. 그 가르침은 종부로서의 역할과 위치에 주인의식을 가지고 매사에 언동을 신중하게 해야 한다는 것이고, 음식을 준비할 때는 정성을 담는 마음가짐이 중요하다는 것이었다.

한 종가 내에 면면히 이어지는 분위기를 엿볼 수 있다. 종부는 종가의 일원으로 문중을 찾아오는 빈객을 대접하고 선조를 제사하는 중요한 역할을 수행한다. 여러 사람을 응대해야 하고 제사에 걸맞은 정성스러운 음식을 준비해야 한다. 명예를 중시하라는 가르침은 집안을 찾아드는 사람들을 응대하는 입장에서 그들을 존중하고, 또 존중받기 위해 품위를 유지해야 한다는 가르침으로 들린다. 정성스러운 마음으로 음식을 준비하라는 것은 그들을 대하는 종가의 진심일 것이다. 그러다 보면 말 못할 애환이 있었을 것이고 인내는 꼭 필요한 덕성으로 요청되었을 것이다.

노종부는 여러 가지 어려움이 많았다고 고백했다. 한 가지 예를 들자면, 13대 종손께서는 공직자로서 일생을 지냈는데 주로 부산과 경남에서 공직 활동을 하셨다. 그래서 13대 종손의 주 활동 공간이 부산과 경남이었는데, 불천위 제사不遷位祭祀와 기제사忌祭祀는 종택이 있는 대구 구지면에서 진행되었다. 당시에는 교통수단이 지금처럼 발달하지 않았기 때문에, 제사를 준비하는 데에 많은 어려움이 있었다. 노종부가 부산에서 제수를 장만하고 어린아이들을 등에 업어 시외버스를 타고, 부산에서 현풍의 차천車川까지 오면 시아버님이 마중을 나와 함께 구지면 종택까지 왔다고 한다. 노종부는 제사를 지낸 며칠 후에야 부산으로 돌아갈 수 있었는데 그 당시의 어려움은 지금 사람들은 상상할 수 없을 정도였다고 토로했다. 특히나 해산물을 제수로 많이 올리면서 제수들을 넉넉하게 준비해야 했고, 지금과는 비교할 수 없을 정도로 많이 찾아드는 문중 어른들을 응대하는 데 많은 공을 들여야 했다고 한다.

종부의 경우도 노종부의 어려움과 크게 다르지 않았다. 종택이 구지면에 있고 시아버님이 부산과 경남에서 주로 공직생활을 했던 반면, 종손은 경북대학교 교수로 재직했기 때문에 주로 대구에서 살게 되었다. 당시 공직사회에서는 근무지를 이탈하기가 쉽지 않았다. 또 집안에 제사도 많았는데, 불천위 제사는 대구 구지면 종택에 있는 불천위 사당에서 지냈으나 기제사는 부산에서 주로 지냈다. 제사 준비에는 정성이 들어가야 했기 때문에, 종부는 제사를 지내기에 앞서 며칠 전부터 부산에 가서 제사 음식을 준비했고, 제사를 지낸 다음날 대구로 올 수 있었다. 이러한 불천위 제사 및 기제사와 관련한 생활은 종부의 자녀들이 초등학교와 중학교를 다닐 때까지 계속되었다. 이 때문에 종부의 자녀들은 제사 다음 날에 지각하거나 결석하는 일이 다반사라, 초등학교와 중학교에서 개근상을 받아 본 적이 없다고 한다. 종가의 자제들에게만 있을 수 있는 영광의 훈장 같은 것이리라.

제사 외에도 종손인 남편은 선산을 자주 둘러보러 가면서 자녀들을 데리고 다니곤 했다. 어느 날 놀이터에서 자녀들이 모래장난을 하면서 이것은 대암 할아버지 무덤, 이것은 매산 할아버지 무덤, 이것은 증조부 무덤 하며 노는 것을 보고 맹모삼천지교孟母三遷之敎라는 단어가 떠올랐다고 한다. 보고 배운 것이 자연스럽게 종가의 전통으로 이어지는 한 단면일 것이다.

종부의 삶은 봉제사와 접빈객이 주요한 일과라 명절 연휴가 이어지는 날에는 연휴 마지막 날까지 구지면 종택에 머물러 있어야 할 때가 많았다. 명절 연휴 기간에 친정에 인사하러 간 적이 손에 꼽을 정도였으니 그 과정은 미루어 짐작할 만하다. 대학교수의 직업을 가진 남편도 명절 연휴에는 동료들이나 선배들과 교류를 해야 할 것인데 아쉬운 점이 많은 것처럼 보였다고 한다. 어느 선배 교수님은 남편에게 그렇게 지내서 언제 출세하겠느냐고 농담을 하기도 했다고 하니 종손의 삶도 짐작할 만한 것이다. 이런 경험을 되새겨서 아들 내외에게는 결혼 직후부터 명절 연휴 기간 중에 꼭 친정을 방문하도록 시키고 있다고 한다. 종부의 아쉬움이 차종부에게는 한결 더 배려해 주는 방식으로 전승된 것이다.

종부에게 한결 다행스러웠던 것은 시부모님과 남편이 종택을 현대화하고 개량해 주어 명절 행사의 어려움을 덜었고, 자녀들이 성장하여 고교에 진학한 이후에는 어려움이 많이 해소되었다는 것이다. 그사이 남편이 옆에서 많이 격려해 준 것은 큰 힘이 되었다고 한다.

종부는 근래 요즘은 다른 불천위 종가 종부들의 동영상을 많이 보고 있다고 한다. 특히 시어머님의 친정 재종조부의 따님들로서 경주최씨인 거창군에 있는 동계桐溪 정온 선생鄭蘊先生 종가의 노종부와 서애 류성룡 선생 종가의 노종부 동영상을 많이 본다고 한다. 동계 정온 종가의 노종부는 유머가 있고, 말씀이 재미가 있어 더욱 자주 보게 된다고 하는데 동영상을 반복해서 보다 보면 종가 종부의 어려움이라든지 미래의 변화상이 엿보이기도 한다고.

차종부 대에 이르면 시대와 세대가 바뀌어 종가와 그 외 가정이 명절과 기일을 보내는 방법의 차이가 더욱 뚜렷해졌다. 종가에 쏟는 관심도 더욱 높아졌고, 그만큼 종가의 종부들이 갖게 되는 책임감과 부담감도 상대적으로 더욱 높아졌다. 하지만 차종부는 오히려 남들이 하지 않기에 더욱 가치 있는 일이라 여기며, 고유한 전통과 문화의 계승에 책임을 느낀다고 한다. 전환기의 시대에 소중한 문화를 이어 가려는 자임의식自任意識은 간과할 수 없는 의미가 있다.

3) 종부의 보람과 기대

종부들에게 주어지는 삶의 무게만큼 그 무게를 감당하게끔 하는 보람도 없지 않다. 남들이 모를 수 있는 자신만의 뿌듯함일 텐데 그런 일들은 무엇이 있을까?

종부는 지금의 종손이 그동안 선비정신을 잘 길러 종손의 자리에 오른 다음에도 종중을 잘 이끌고 있는 점을 큰 보람으로 꼽았다. 응당 내조하는 사람이 느끼는 보람일 것이다.

종가의 안살림을 유지하는 데에 종부의 역할은 말할 것 없이 중요한 일이다. 종부가 시집오기를 전후하여 혹시 달라진 점이 있는가라는 질문에 이렇게 말했다.

> 처음 시집왔을 때에는 시부모님이 젊으시고 모든 일을 잘 이끌어 주셔서 배우기만 하면 되었습니다. 어느 시점부터 어머님이 연로하시다고 제사 준비 등을 저에게 넘겨 주셨는데 그동안 잘 배웠지만 긴장도 되었습니다. 시부모님이 저에게 넘겨 주시면서 현대사회에서 사회생활을 잘하면서 불천위 종중의 일을 옛날의 방식으로 다할 수 없다고 하셨습니다. 전통의 정신만은 잘 지키고 행사 일들을 간소화시켜 주셨습니다.

참으로 현명한 결단이 아닌가 한다. 변화하는 시대에 변화된 방식의 종가 의례를 과감하게 시도한 결심은 이후 종가를 좀 더 원활하게 이끌어 나가는 데 튼튼한 버팀목이 될 것이다.

종부는 차종부에게 다음과 같은 당부의 말을 전했다. 무엇보다 불천위 종가를 유지하기 위해서는 그 기본요소를 잘 지키고 운영해야 하는데, 그 기본이 되는 것은 바로 종손, 불천위 사당, 종택이다. 이들에 대한 고려와 면밀한 준비가 불천위 종가를 지키는 비결이 된다는 것이다.

또한 준수한 종가로서 충효인의의 덕목을 지키며 명문의 유림과 교류를 널리 하고자 하면 경비가 필수 불가결한바, 검소한 생활로 평소에 저축을 충분히 하고, 재산을 어느 정도 불릴 수 있는 이재理財에도 무관심하지 말 것을 당부한다고 한다. 유연한 선비의식이 아닌가 여겨진다. 가사家事를 돌보지 않고 이익이 되는 일을 거론하지 않는다는 완고한 유학자 상이 아니라, 종가의 운영을 위해 현실적인 필요를 고려한 융통성 있는 가르침을 내린 것이다. 대암 박성 종가가 변화하는 시대에도 잘 조응하여 더욱 발전된 종가 문화를 꽃피운다면, 그 근저에는 이러한 시대의 변화상에 주목하여 실질적인 준비를 진행할 수 있는 일에 대한 면밀함이 있을 것이다.

영남 지역은 유교문화의 중심이다. 이 지역에 살면서 종손·종부의 삶을 익히고, 주인의식을 가지고 자신의 책무에 유념하면서 시대의 흐름에 맞게 진화·적응할 필요가 있다는 깨우침 역시 바

금계공과 노종부, 생전 금계공의 생일 사진(박중곤 제공)

로 이러한 자신의 책무에 대한 직시와 면밀한 준비와 연관되어 있다.

종부는 차종부에게도 동계 정온 종가 노종부 및 서애 류성룡 종가 노종부의 동영상을 보기를 권장한다. 이를 통해 한 종가의 종부로서의 어려움과 미래의 변화상을 예측해 볼 수 있을 것이고, 전통을 지키면서도 새로운 시대를 열어 갈 혜안이 생길 수 있기 때문이다. 종부는 똑똑하고 영리한 차종부가 대암종가의 미래를 더욱 밝게 해 줄 것이라 기대하고 있다.

종가에서는 종부가 어느 정도 공인으로서의 성격을 지니기 때문에, 종부에게는 일상생활 가운데 종가 문화를 유지하고 알리는 대외적인 활동에 참여할 기회나 권유가 없지 않다. 종손은 아버님이 작고하신 후 영남의 각종 종가 모임인 영종회嶺宗會·삼무회三無會·회우계會友契·공산회公山會 등에 회원으로 참석하는데, 종부도 여기에 동행할 계획이다. 종부는 종손이 임란호국 영남충의단 보존회의 감사를 맡아 의병의 날 행사나 향사에 참여할 때에도 동행한 적이 있다고 했다. 청주정씨인 친정 숙모의 친정 질녀가 현재 한훤당종가寒暄堂宗家의 종부인데, 영종회 여성부에 같이 참여하여 활동하라고 종부에게 권하고 있어 조만간 여기에도 가입하여 활동할 계획이라고 한다.

대암종가는 임진왜란과 일제강점기, 한국전쟁을 거치면서도 꿋꿋이 영남의 명문 종가로서의 전통을 견지하고 유교의 정신을 지켜 왔다. 종부는 그 명가의 종부로서 지난 30여 년간의 생활을 반추해 보면서, 불천위 종가로서의 유산과 전통을 잘 유지하고자 한다. 그러면서 변화하는 시대의 흐름도 잘 파악하여 종가의 문화를 더욱 창신할 수 있기를 기대하고 있다.

대암종가를
지키는 사람들

3 종가 문화의 새로운 도전과 응전

현재 대암종가의 차종손이 자녀를 둠으로써, 대암종가의 문화는 손자녀에게까지 전승되고 있다. 이는 종가 문화가 자연스럽게 계승될 수 있는 여건을 마련한 것인데, 그 교육이 어떻게 이루어지고 있는지를 살피는 것은 종가 문화의 미래상을 가늠해 보는 데 좋은 자산이 될 것이다.

대암종가의 손자들은 틈나는 대로 명절 모임에서나 밥상머리에서 불천위 조상의 행적에 대한 교육을 진행하고 있다. 손자가 현재 초등학교 1학년인데, 매주 가족들의 카카오톡 단체 채팅방에 『명심보감明心寶鑑』의 내용을 한 구절씩 올려 손자를 교육하고 있다. 물론 아직 한문 공부가 충분하지 않은 손자의 사정과

대암종가 가족 사진

차종손의 결혼식(박중곤 제공)

나이를 고려하여, 한자로 된 글귀들의 뜻을 쉽게 알아들을 수 있도록 손자의 눈높이에 맞춰 주고 있다. 어린 손자가 아직 자신이 앞으로 수행하게 될 종손으로서의 역할과 임무를 온전하게 이해했다고는 볼 수 없지만, 종손의 자녀와 손자들은 그 나이에 맞게 대암 선생의 행적을 살피고 스스로 대암 선생의 후예임을 자각하고 있으며, 명문가의 상징과도 같은 불천위 종가의 가족임을 자랑스럽게 여기고 있다.

종손은 자녀와 손자 대의 종가 문화가 지금과는 또 달라져 있을 것이기 때문에, 자녀와 손자들이 글로벌화하는 시대에 뒤처지지 않게 그 변화에 조응하면서 종가 문화의 정신을 고취하고 일상생활 속에서 몸가짐을 바르게 할 것을 희망하고 있다.

현대의 삶과 종가의 문화는 얼마간의 괴리가 존재하는 것이 사실이다. 하지만 현재를 살아가는 종손으로서는 그 공존의 길을 모색할 수밖에 없는데 종손 역시 이 문제에 대한 고민이 없지 않다. 종손은 말한다.

급변하는 세상에 종손의 전문 분야가 개성이나 적성에 따라 역사나 인문학이 아니기가 쉽습니다. 앞서가는 기술과 문명을 잘 활용하면서도 그 의미 깊은 정신을 계승하는 것이 필요하다고 생각합니다. 시공時空이 다를지라도 제사나 행사의 중심은 종택과 사당이 되어야 하고 인터넷, 카톡 등의 전자 수단을 통하여 실시간으로 참여할 수 있도록 하는 방안도 필요하다고 봅니다.

종손은 대학 교원답게 체험과 공부의 과정을 중시한다. 자녀나 손자 세대를 비롯한 젊은 세대에게 종가 문화를 알리고 관심을 갖게 하는 방법도 고민해 본 적이 있다. 이를테면 불천위 제사나 묘사·명절 때에 참여시키고, 불천위 조상의 행적을 알리는 것이다. 훌륭한 인물이기 때문이기도 하지만 지역을 기반으로 혈연적 관계가 있는 위인의 삶은 일반적인 위인의 삶보다는 더욱 현재 이곳과 관련되어 사는 사람들에게 깊은 공감을 줄 수 있을 것이라는 기대감 때문이다. 아울러 불천위 종가의 문화는 대개 학맥과 혼맥으로 이어져 계승되고 있으므로, 이를 조금씩 꾸준히 알려 주고 익히게 하고자 한다. 이를 통해 이러한 종가 문화가 우리 학술사 및 지성사와도 긴밀한 연관 관계가 있다는 것을 알려 주고자 한다.

결과적으로 종손은 우리 주변에 여전히 쉽게 접할 수 있는 유교문화의 자산인 유림儒林에 참여하고 그들과 교류함으로써, 종가 문화의 전통이 자연스럽게 계승되도록 만드는 것이 바람직하다고 여기고 있다. 이는 종가 문화의 계승에 대한 현실적인 제안으로 이해된다. 다만 유교문화 역시 현대의 급변하는 삶의 여건과 도덕의식의 변화에 따라 변화하길 요구받고 있는바, 이에 대한 고민은 더욱 깊어져야 할 것으로 보인다.

참고문헌

『국역조선왕조실록』

박성, 「대암집」, 『한국문집총간속』 6, 한국고전번역원, 2006.

박성 저, 정선용 역, 『국역 대암선생문집 상·하』, 대암선생문집국역편찬위원회, 2011.

김기빈, 「대암집해제」, 한국고전번역원, 2006.

박기훈, 「대암 박성 연구」, 경상대학교 석사학위논문, 2003.

원창애, 「대암집해제」, 『남명학연구』 14, 경상국립대학교 남명학연구소, 2002.

정선용, 「해제」, 『국역 대암선생문집 상·하』, 대암선생문집국역편찬위원회, 2011.

최은주, 「대암 박성의 사물인식방법과 의식지향」, 『영남학』 78, 경북대학교 영남문화연구원, 2021.

황위주, 「송담서원 안내문」, 1996.

영남대학교, 「영남문집해제-대암집」, 『민족문화연구소 자료총서』 4, 영남대학교 민족문화연구소, 1988.

경북대학교 미래산업소재사업단 소개 책자.

박중곤 제공, 무흘정사 상량문 원본.

대암종택 제공, 대암공 불천위제 홀기.

한국화학공학회 홈페이지 [https://www.kiche.or.kr/]

한국고전번역원 한국고전종합DB [https://db.itkc.or.kr/]

지은이

함영대 咸泳大

경북 상주 출신으로 문경(점촌)에서 자랐다. 성균관대학교 한문교육과와 대학원 한문학과에서 수학했다. 2009년 「성호학파의 『맹자』 해석에 대한 연구」로 박사학위를 받은 이래 성호학파의 학문과 일상, 조선 학자들의 『맹자』 해석을 중심으로 조선 지성사와 동아시아의 학술교류에 관심을 가지고 연구를 진행하고 있다. 고려대학교 한자한문연구소, 서울대학교 규장각한국학연구원, 성균관대학교 대동문화연구원, 동아시아학술원 등에서 연구원과 연구교수를 역임했으며 현재 경상국립대학교 한문학과 부교수로 재직하고 있다.
『성호학파의 맹자학』, 『이천년 맹자를 읽다—중국맹자학사』 등의 저서와 『고전학의 새로운 모색』 등의 공저서, 『반계유고』·『맹자요의』·『상서고훈』 등 실학자들의 명작에 대한 공역서가 있다. 다산학술상 우수연구상과 한국한문학회 우수논문상을 수상했으며 저서가 학술원 우수도서에 선정되기도 했다.

경북의 종가문화 73

시대의 변화를 응시하며
종가를 바라보다,

대구 대암 박성 종가

찍은 날 2024년 4월 15일
펴낸 날 2024년 4월 22일

기획 경상북도 · 경북대학교 영남문화연구원
지은이 함영대
펴낸이 홍원화
펴낸 곳 경북대학교출판부
출판등록 1973년 10월 10일 ㉣97호
주소 대구광역시 북구 대학로 80
전화 053-950-3830
팩스 053-953-4692
이메일 press@knu.ac.kr
홈페이지 http://knupress.com

ISBN 978-89-7180-639-5 94900
978-89-7180-638-8 (세트)

정가는 뒤표지에 있습니다. 파본은 바꾸어 드립니다.